LAS SIETE LLAVES

Álex Rovira es un empresario licenciado en Ciencias Empresariales y MBA por ESADE, escritor, conferenciante internacional y consultor español. Está considerado uno de los mayores expertos en psicología del liderazgo a nivel mundial. Es autor de casi una veintena de libros. En la actualidad se dedica a la formación a través de su exitosa Escuela de Transformación Vital y Liderazgo en su plataforma www.alexrovira.com.

Fernando Trías de Bes es escritor y economista. Es autor de numerosos ensayos económicos, novelas, relatos y guiones. Entre sus galardones están el Premio Temas de Hoy por *El hombre que cambió su casa por un tulipán*, el Premio Espasa por *El libro prohibido de la economía* y el Premio Ciudad de San Sebastián por su texto teatral *El trámite*. Recientemente ha publicado *Siete cuentos para toda una vida*.

ÁLEX ROVIRA

FERNANDO TRÍAS DE BES

LAS SIETE LLAVES

CONQUISTA TU LIBERTAD VITAL

Zenith / Planeta

PEFC Certificado

Este libro procede de bosques gestionados de forma sostenible

PEFC

PEFC/14-38-00305 www.pefc.es

Zenith, un sello editorial de Editorial Planeta, S. A.
Avda. Diagonal, 662-664, 08034 Barcelona (España)
www.zenitheditorial.com
www.planetadelibros.com

Diseño del interior: © Sacajugo.com
Ilustraciones del interior: © Zdeneksasek / bigstockphoto.com
Maquetación del interior: Pleca Digital, S. L. U.
Adaptación de la cubierta: Booket / Área Editorial Grupo Planeta
Ilustración de la cubierta: © Paseven / Shutterstock
Primera edición en Colección Booket: enero de 2024
Segunda impresión: abril de 2024
Tercera impresión: noviembre de 2025

Depósito legal: B. 19.235-2023
ISBN: 978-84-08-28283-9
Impreso en España

A los maestros y pensadores
que nos ayudaron a descubrir
las siete llaves de la libertad

SUMARIO

INTRODUCCIÓN

Cuando escribimos nuestro primer libro, *La buena suerte*, éramos dos treintañeros. De eso hace ahora dieciocho años. Trabajábamos juntos en una empresa propia, dedicada a la investigación de mercados. Nos iba muy bien profesionalmente. Pero los dos teníamos otras inquietudes, otros deseos, otros sueños.

El éxito de aquel libro fue imprevisible. Millones de copias. Más de cincuenta idiomas. Varios premios internacionales. Libro número uno en ventas en Japón. Estuvimos de gira por Estados Unidos, el centro de Europa, Asia... Cientos y cientos de entrevistas. Nos llovían solicitudes de toda índole. Productores de cine y televisión nos ofrecían series, películas. Se escribió una opereta basada en el libro y se hicieron múltiples textos para teatro.

El día en que finalizamos la promoción, creíamos que habíamos logrado el éxito y, con él, nuestra libertad para vivir conforme a nuestros deseos más profundos.

¡Qué ingenuos!

A pesar de nuestros éxitos, muchos aspectos de nuestras vidas, tanto en lo profesional como en lo personal, estaban condicionados por las expectativas depositadas en nosotros, por lo que otras personas, sin darse cuenta, nos habían trasladado a lo largo de nuestras vidas.

Éramos unos afortunados, unos privilegiados. Pero nos faltaba mucho por aprender y recorrer para descubrir los verdaderos caminos de la libertad vital. No éramos conscientes de que, incluso entonces, creyendo que nuestras vidas eran idílicas, actuábamos condicionados por las circunstancias, por el contexto y por los acontecimientos.

Tener éxito no significa ser libre. Esto teníamos todavía que descubrirlo. Porque la libertad vital va mucho más allá de los éxitos y del dinero. Incluso de los hitos personales y profesionales.

Puede tenerse libertad de decisión, libertad personal o económica. Pero la libertad vital es otra cosa. Es algo más profundo y estructural. Sin ella, cualquier otra libertad, incluso la económica, incluso el éxito más notorio, no proporcionan la felicidad.

Hoy, casi dos décadas después, los autores estamos ya en la cincuentena. Hemos vivido, amado, llorado y sufrido, como todas las personas. Y, sobre todo, hemos luchado mucho, cada uno en nuestros ámbitos, por abrirnos camino en la vida conectando con nuestra fragilidad humana.

Tenían que pasarnos muchas cosas. Algunas de gran dolor: enfermedades de nuestros hijos, enfermedades graves propias, procesos de separación matrimonial, muerte de los padres en procesos degenerativos lentos, depresiones de personas de nuestro entorno, suicidios de seres queridos y muertes de amigos cuando no toca y como no toca.

Es decir, la vida nos tenía que dar muchas vueltas de campana. Y nos las ha dado.

Nuestros errores y aciertos nos han traído hasta aquí.

En estos años, los dos hemos descubierto que, si bien ese temprano éxito editorial fue un gran primer paso vital, todavía nos quedaba un largo camino por recorrer para conquistar nuestra libertad vital. Y todavía nos queda, porque la libertad vital es un camino vivo que, como cantó Machado, se hace al andar. Paso a paso, con humildad y voluntad de consciencia.

Durante este tiempo hemos ido descubriendo que la libertad vital requiere desprenderse de algunos grilletes que te esclavizan, a menudo sin darte cuenta. Y para abrir cada uno de esos grilletes hacen falta llaves. En nuestro proceso vital y experiencial, hemos identificado siete. Siete llaves que, en el periplo de la vida, nos han ayudado mucho a liberarnos de muchas cosas. Y eso es lo que queremos compartir contigo.

No nos importan las etiquetas. Este no es un libro de autoayuda o de crecimiento personal. Y tampoco es un libro sobre asertividad.

Este es un libro que contiene elementos de autoconocimiento, pero también de ética, de filosofía, de psicología y, especialmente, de humanismo. El humanismo entendido como un subrayado de lo radicalmente humano, con sus luces y con sus sombras, y con la humildad de querer ver claro para poder compartir el regalo de ser seres humanos.

Pero, ante todo, este es un libro de lo aprendido a través de nuestras vivencias y aprendizajes. No escribimos estas líneas solo desde la teoría, sino desde la vivencia, desde la experiencia propia en este viaje de la vida en el que el destino es la propia esencia, la conexión con la verdad que nace de la voluntad de comprender, de no hacer daño y de amar, si es posible.

Nuestros aprendizajes están aquí expuestos, de una forma ordenada y práctica para ti, para que puedas también profundizar en tu propia libertad vital y en tu felicidad y, en la medida de lo posible, beneficiarte de todo lo que en estos casi veinte años hemos aprendido.

Muchas personas nos han ayudado a descubrir las siete llaves.

Hemos leído y reflexionado sobre lo vivido. Nos hemos formado. Nos hemos ayudado a nosotros mismos y nos hemos dejado ayudar por amigos, seres queridos y profesionales de la psicología. Hemos encontrado grandes maestros en la lectura y análisis de cientos —quizá miles— de libros de filosofía clásica y contemporánea, sociología y psicología.

En nuestro trabajo durante treinta años como mentores, consultores, formadores, emprendedores y empresarios, conferenciantes y escritores, hemos tratado con centenares, tal vez miles, de personas y, en muchos casos, hemos tenido que tratar un número incontable de proyectos alrededor de la innovación, de la transformación organizativa, del cambio cultural, así como de la transformación y mejora personal. Esas relaciones profesionales nos han ayudado.

Y lectores. Tantas bellas personas anónimas que nos leyeron y, a través de una intimidad regalada, quisieron compartir su relato existencial con nosotros. De esas personas aprendimos mucho también.

A veces por los golpes de la vida y otras veces porque te das cuenta de que debes hacerlo, es preciso cambiar de rumbo, de estación, de tren, de destino, de compañeros de viaje. En nuestro caso ha sido también así. Este es un libro en que, como en los libros de viajes, el autor comparte los lugares visitados para que el próximo viajero disponga de más recursos en su periplo. Pero siempre respetando su propio itinerario. Porque cada viaje es distinto.

La vida te golpeará sí o sí, es decir, la vida, por momentos, te hará daño, te causará dolor, pero la recreación constante del dolor, el instalarse en el sufrimiento, es opcional. La cuestión es qué puedes hacer para reducir en la medida de lo razonable y de lo posible el impacto del dolor y la recreación en el sufrimiento.

En efecto, la vida trae dificultades, pérdidas, crisis, desengaños enfermedades, contratiempos e incluso catástrofes. A todos. A nosotros también nos los ha traído a lo largo de nuestras vidas. Hemos sentido el dolor, y lo sentiremos, así como la dicha y la alegría. Es inevitable. Pero el sufrimiento es otra cosa. Es cómo decides vivir, interpretar e incorporar a la historia de tu vida ese dolor.

. . .

El dolor es inevitable, pero EL SUFRIMIENTO ES OPCIONAL.

. . .

A nosotros nos ha llevado años aprender y descubrir que un elemento esencial para nuestro crecimiento personal es la conquista de nuestra libertad vital.

La libertad vital a la que nos referimos aquí no es la libertad de expresión ni son las libertades fundamentales que puedan haber establecido la ONU o la Carta Magna de un país libre. Nos referimos a algo más profundo. La libertad entendida como aquello que te permite ser amo y dueño de tu propia vida.

La libertad vital de la que aquí te hablaremos no es libertinaje ni hacer lo que te plazca cuando te plazca. Es poder manifestar lo que sientes y piensas sin miedos ni represalias.

Tu libertad es tu autonomía. Tu libertad es tu espontaneidad, consciencia e intimidad. Tu libertad vital, como descubrirás en este libro, es tu capacidad de actuar, decidir, pensar, sentir y escoger sin limitaciones, propias o ajenas, impuestas y falsas. Limitaciones limitantes, nunca mejor dicho. Grandes inhibidores de tu potencia como individuo.

A los autores nos costó mucho entender que nuestra felicidad debía emanar de esa experiencia diaria de libertad vital, propia y compartida. O, dicho a la inversa, que nuestra infelicidad, o nuestros momentos de infelicidad, eran a menudo una consecuencia de no haber sabido desplegar nuestra libertad vital. O de no aceptar las consecuencias de nuestra libertad, que es otra forma de huir de la responsabilidad sobre nuestra propia felicidad y paz de espíritu.

¿Y por qué tantas personas, con o sin éxito, se sienten abocadas a vivir sin sentirse plenas? ¿Cuáles son las dificultades psicológicas, vitales y existenciales que impiden o dificultan ese sentimiento de plenitud?

Verás... A lo largo de nuestra educación, formación, vida en familia, formación religiosa, integración laboral, vida en pareja, vida social y demás formas, necesarias e inevitables, de evolución de nuestra persona, vamos recibiendo toda una serie de indicaciones, consejos, normas, órdenes, direcciones, valores y criterios que hacemos nuestros y que no necesariamente coinciden con lo que pensamos, necesitamos, deseamos o somos.

A nosotros también nos sucedió así. Es lo normal. Todos recibimos una herencia de creencias y condicionamientos.

...

Asumir como propio lo que no lo es desemboca en PERSONAS QUE, sin saberlo, NO SON LIBRES.

...

Esa herencia, esa creencia sobre lo que eres, deberías ser o debes ser no coincide, a menudo, con lo que deseas. ¿Y cómo acceder a ese deseo? ¿Cómo saber lo que *realmente* quieres?

Permítenos hacer un breve paréntesis para explicarte algo clave en nuestro proceso de aprendizaje.

En una ocasión, nos formulamos esta pregunta: «¿Cuándo has realizado un cambio importante o trascendental en tu vida?».

La respuesta fue tan simple como demoledora.

Cuando habíamos tenido la valentía de decir que NO.

Decir NO a algo que atentaba contra nuestros más profundos deseos. Decirle NO a aquello que te niega.

Ahí aprendimos algo: decir no a lo que te niega es decirle sí a la vida, decirle sí a tu libertad.

Esa es la clave de toda la cuestión.

Lo que en realidad te hace libre es decir no al «no ajeno» y, a través de esa negación, afirmarte a ti mismo. El no de los demás puede ser falso y lo importante es no hacerlo tuyo, no darlo por sentado, no tragártelo, no comprarlo. Esto no va de asertividad. Va de liberación.

Este concepto es fundamental si quieres comprender y ahondar en el descubrimiento de las siete llaves.

...

TUS POSIBILIDADES solo aparecerán cuando deseches las falsas creencias que otros han elaborado acerca de ti.

...

Las siete llaves se logran a través DE siete noes, siete negaciones, siete grilletes que dejarás atrás, siete cerraduras que has de abrir por ti mismo. Esas negaciones en torno a lo que «eres» y «puedes ser» van a ser el principal mecanismo de afirmación de ti mismo y, a la postre, de tu libertad vital.

En este libro vamos a descomponer la libertad vital en una suma de siete llaves. Creemos que la conquista de la libertad debe realizarse de una forma diferente a lo que sobre libertad se ha escrito. No se trata de que la adquieras o la encuentres de forma directa. Se trata, llana y simplemente, de desechar todo lo que la impide.

Así, ¿qué creencias restringen tu libertad de elegir? ¿Qué prohibiciones te impones para impedir la satisfacción de tus deseos? ¿Qué proyecciones o expectativas sobre ti mismo te dificultan la plenitud de ser lo que estás llamado o llamada a ser?

Cuando se vive de espaldas a libertad vital, atentas contra tu propia esencia.

Creemos que la tesis de este libro es tan simple como poderosa, pero tiende a pasar desapercibida ante los ojos de todos porque andamos empeñados y obsesionados en encontrar la verdad, lo que somos, lo que deseamos. Y el secreto no es ser libre, el secreto es dejar de ser esclavo. La libertad es la ausencia de esclavitud.

A tu esencia, llegarás por descarte; a la felicidad, llegarás al saber lo que ya no quieres en tu vida, en definitiva, cuando seas consciente de aquello que te limita, humilla, hace daño, condena, somete, esclaviza, subyuga y, llevado al límite, te quita alegría, energía y vida, es decir, te mata. Porque la sabiduría del NO es la sabiduría del SÍ A LA VIDA.

Menos por menos es más, dice la fórmula matemática.

Y en nuestra vida, esta fórmula cobra también mucho

sentido: la negación de lo que nos niega es lo que nos afirma.

La negación de tu miedo da luz a tu libertad. La negación de tus malos hábitos da luz a tu salud. La negación de tus malas relaciones da luz a tu autoestima. La negación de la pereza y de la inercia da luz a tu realización. Dejar de alimentar a nuestro ego da luz al nuestro verdadero SER.

¿Por qué sostienes en tu vida venenos que te matan en los ámbitos de la salud, las relaciones (conocidos, amigos y familia), los hábitos de vida o el trabajo?

Si no estableces una frontera al otro, serás invadido.

No se trata del no gratuito del rebelde sin causa. No hablamos de un no sistemático. Un no sistemático es destructivo. Todo lo contrario: tu NO a la negación ajena elimina las limitaciones de lo que estás llamado a ser y en ese proceso te afirmas a ti mismo.

Comprender cómo se abren esos siete grilletes, esas siete cerraduras, constituye una forma de poner límites, de establecer una frontera para tu dignidad, integridad y realización.

Leer este libro te servirá para dos cosas. Para valorar si tu libertad vital está o no mermada y, en caso afirmativo, comprender por qué y ponerle remedio.

Una libertad vital plena te proporcionará independencia vital y una mayor capacidad de dirigir tu vida hacia la plenitud.

Este libro no pretende tu diagnóstico personal, sino contribuir a la mejor comprensión de ti mismo y de los factores limitantes que, debidamente anulados, te permitirán ganar la independencia vital que, a la postre, te proporcionará una vida más plena.

Un relato te acompañará durante todo el libro: *El enigma de las siete llaves*. Se trata de un breve cuento que servirá de «aperitivo» a cada una de las llaves. Esta pequeña pero inspiradora fábula, que años atrás consideramos la posibilidad de publicar como un libro independiente, está pensada en forma de enigma. Está inspirada en la tradición de los cuentos de *Las mil y una noches*, y tendrá su desenlace tras completar todos los capítulos.

Esperemos que disfrutes.

Empezamos el viaje hacia tu libertad vital.

EL ENIGMA DE LAS SIETE LLAVES

Hace muchos años, en el Lejano Oriente, vivía un monarca que reinaba sobre su pueblo con armonía y autoridad.

Al rey le gustaban sobremanera acertijos, retos y enigmas: pensar sobre ellos, buscar las posibles soluciones y, especialmente, el regocijo de acertarlos. Tal era su afición, que se dedicó a crear e idear sus propias adivinanzas. Inventaba acertijos todos los días, y los compartía con sus ayudantes, sirvientes y súbditos.

Los enigmas del rey se hicieron famosos.

Todos los años, coincidiendo con su aniversario, tenía la costumbre de indultar a alguno de los condenados que cumpliesen condena por algún delito cometido. Para ello, este debía resolver un enigma creado por el mandatario. De esta suerte, reducía la pena de aquellos que observaban un buen comportamiento. No les ponía retos demasiado difíciles. Tal era la magnanimidad del rey.

El año en que cumplió medio siglo era un año especial. Así que el rey consideró oportuno que el indulto fuese también muy especial. No reduciría la condena del afortunado que acertase su adivinanza en uno o dos años, sino que, antes de las excepcionales fiestas y celebraciones de su cumpleaños, daría la oportunidad de liberar a un condenado a cadena perpetua. Por supuesto, el enigma que tendría que resolver estaría en consonancia con la magnitud del premio. Sería un enigma más difícil que cualquiera de los anteriores. El más difícil de todos. Dedicó un año entero a idearlo.

De todos los reos, escogió a uno llamado Ibrahim. Cumplía condena por haber intentado sustraer las joyas del propio monarca, algo que estaba considerado sacrilegio en su reino.

Llamó a Ibrahim ante sí y le dijo:

–Los presos sabéis que todos los años doy la oportunidad de obtener el indulto a un reo. Este año, tú eres el escogido.

–Oh, sabia majestad, pero yo cumplo cadena perpetua.

–Por eso mismo, Ibrahim. Cumplo cincuenta años y es un momento especial. Tú atentaste contra mí y a ti te doy la oportunidad de obtener la libertad. Pero, para ello, deberás resolver un enigma.

Ibrahim se estremeció. Podía ser perdonado por su delito y alcanzar la libertad.

–Mi gratitud es absoluta. Acepto el reto.

–Bien, Ibrahim. Es un enigma difícil. Pon toda la atención en esta historia. Y, especialmente, en lo que cada personaje diga, pues, como sabrás, en todos los acertijos, la solución está en la propia narración. Puedes sentarte.

Ibrahim se sentó en la alfombra y, rodeado de un centenar de ayudantes, sirvientes y otros súbditos, puso toda la atención.

El rey se puso en pie, respiró hondo y empezó su acertijo, el cual tenía forma de cuento.

* * *

Un hombre se halla en un palacio. La puerta para salir del palacio está cerrada. No hay ventana ni apertura alguna. Los muros están hechos de piedra y son imposibles de derribar. La única salida posible es abrir la puerta del palacio. La puerta consta de siete cerraduras, así que el habitante del palacio debe encontrar las siete llaves correspondientes a los siete cerrojos. El palacio es enorme. Lleno de recovecos, torreones, bibliotecas, cocinas, armarios, decenas de estancias, establos, despensas... Las siete llaves podrían estar en cualquier parte, incluso metidas entre las juntas de las piedras de los muros, entre los tapices, tras los cuadros, dentro de las armaduras, tras las pinturas, en el interior de las esculturas, en el interior de cualquier recoveco de cada uno de los miles de escalones que recorren la edificación... Una persona podría dedicar tres vidas a buscar y, con suerte, daría tal vez con una de las siete llaves. A lo sumo.

El habitante del palacio no está solo. En los sótanos hay siete mazmorras. En cada una, hay un prisionero. Las siete llaves que corresponden a las cerraduras de sus celdas son precisamente las mismas que abren cada uno de los cerrojos de la puerta principal que conduce al exterior y a la libertad. Por tanto, si el habitante encerrado en el palacio logra liberar a los siete prisioneros de sus celdas, podrá salir del palacio. En caso contrario, quedará encerrado en el interior de por vida.

El hombre baja hasta las mazmorras con tal de hablar con ellos y obtener alguna pista de dónde están escondidas las siete llaves.

Desciende por las escaleras, portando una antorcha en la mano. Tras bajar cuatro niveles bajo tierra, alcanza un pasillo largo y frío, vagamente iluminado por unas antorchas. Frente a él, a lo largo de una galería, están las siete celdas contiguas, con los siete prisioneros.

El habitante se dirige a la primera de ellas.

CAPÍTULO 1

LA LLAVE DEL PENSAMIENTO

PRIMERA CELDA

El rey prosiguió narrando el enigma a Ibrahim, que escuchaba atentamente.

* * *

En la primera de las celdas hay un hombre de rostro confuso, meditabundo y que, hablando para sí, dice:

–Siempre que algo es cierto, también es falso. Aunque podría resultar lo contrario. Porque lo contrario es tan verdadero como falso, es lo opuesto de la verdad.

El habitante de la edificación lo interrumpe:

–Disculpa, ¿puedo preguntarte por qué estás encerrado en esta celda? ¿Cuál es tu delito? ¿O acaso fuiste hecho prisionero en una batalla contra los ejércitos enemigos?

–Oh, no, no, nada de eso –responde el hombre dubitativo y de ojos hundidos–. Yo estoy aquí encerrado y no puedo salir porque es imposible abrir la puerta: la llave de mi celda no existe.

–Pero, entonces, ¿cómo te encerraron? –pregunta el habitante del palacio.

–Pues no lo sé. Digo yo que la fundirían o la destruirían después de encerrarme. O la lanzarían al mar. Pero es un hecho

irrefutable. Al igual que el sol sale todas las mañanas o el agua es líquida, la llave de mi mazmorra ya no existe.

—Pero ¡eso no puede ser! Tu llave corresponde a una de las siete cerraduras de la puerta principal del palacio. Así que está en alguna parte de esta edificación. ¡Seguro!

—Si así es —le responde el prisionero—, encuentra la llave de mi puerta y te creeré.

—Es imposible encontrar la llave sin indicaciones. Dame alguna pista de dónde puedo encontrarla.

—Ojalá lo supiera. Pero esa información parte de una falsedad. La llave no existe. Olvídala.

Y, acto seguido, da media vuelta y se pone a dar vueltas en el interior de la celda mientras repite:

—Siempre que algo es cierto, también es falso. Aunque podría resultar lo contrario. Porque lo contrario es tan verdadero como falso es lo opuesto de la verdad.

El habitante del palacio suspira hondo. Las llaves han de existir por fuerza y hallarse en alguna parte. Eso piensa el protagonista del enigma.

* * *

«¿Proseguimos, Ibrahim?», le preguntó el rey al reo que debía descifrar el enigma de las siete llaves.

ESCLAVOS DE FALSAS CREENCIAS

Antonio tiene cuarenta y cuatro años. Es el mayor de tres hermanos, todos varones. Su padre tenía una pequeña imprenta en la que trabajaba más de doce horas cada día para sacar adelante a la familia. Era un hombre muy trabajador y emocionalmente poco expresivo, pero determinado a tirar de su familia hacia delante y a dar a sus hijos una buena formación. Su madre, por el contrario, era muy cariñosa y entregada, siempre disponible para su familia, generosa, alegre, voluntariosa, amable y muy sacrificada. Se desvivía por complacer y cuidar a los suyos.

Hoy, Antonio es padre de tres hijos de catorce, doce y ocho años. Se divorció hace apenas un año y echa mucho en falta la presencia de sus hijos desde el momento de la instauración del régimen de custodia compartida, y ello hace que se sienta muy mal. A pesar de que habla con ellos a diario, siente un gran dolor en su corazón por no poder compartir la vida con ellos nada más que en semanas alternas.

A ello se suma el hecho de que se ha instaurado en él la creencia de que es un mal padre por no poder acompañarlos en su cotidianidad y porque siente que un buen padre debe estar permanentemente al lado de sus hijos, cuidándolos y entregado a ellos las veinticuatro horas del día, tal y como hacía su madre con él y con sus hermanos.

Quienes le conocen saben que es un padrazo, pero ven con tristeza cómo su amigo sufre y se instala en él un relato de autoculpabilidad, cuando no debería ser así. Pero

Antonio parece no atender a los argumentos que le dan su familia y amigos, y vive inmerso en una creencia sobre sí mismo que va socavando su autoestima lenta, pero persistentemente.

Antonio tiene falsas creencias sobre sí, las cuales le llevan a sufrir y a sentirse culpable por algo que no existe. Él es un buen padre a la vista de todos los que le conocen y, lo que es más importante, el propio reconocimiento y amor que le profesan sus hijos es la más clara evidencia de ello, pero su nivel de autoexigencia parental es tan elevado, que sus creencias sobre lo que debería llegar a ser como papá le están hundiendo cada día más. Sus falsas creencias crean una enorme culpa que limita su capacidad de ser feliz y de compartir esa felicidad con sus hijos. Su falsa creencia fundamental es que un buen padre debe ser abnegado y sacrificado, tal y como él vivió en su marco de referencia parental.

«¿Me querrán el día de mañana? ¿Soy un buen padre? ¿Les estoy dando todo lo que siento que se merecen y les debo dar? Siento que no estoy a la altura...»

Este es el relato de su voz mental que socava la autoestima y el estado de ánimo de Antonio, día sí, día también.

Antonio está condicionado por falsas creencias, por ideas y pensamientos que ha asumido como ciertos, pero que en realidad no lo son. Y toda falsa creencia se convierte en un límite para la realidad percibida y pensada. Toda falsa creencia deviene una creencia que nos limita y que, eventualmente, nos castiga.

Las falsas creencias no te permiten pensar de forma

libre. Ubican a tu mente en un universo de pensamientos limitantes que son a menudo autolesivos, que te hacen daño. Cuando tu pensamiento está viciado y sesgado por falsas creencias, te conviertes en su esclavo e inconscientemente te encierras en una jaula de limitaciones y sufrimiento.

Si le preguntas a Antonio si su pensamiento es libre, te dirá «por supuesto que sí», que no tiene ningún problema, que es capaz de pensar correctamente y que su sentido de la realidad es óptimo y correcto. Esa es la tragedia que vivimos cuando nuestra libertad de pensamiento está dañada por nuestras falsas creencias.

...

Las falsas creencias impiden
LA LLAVE DEL PENSAMIENTO.

...

¿QUÉ ENTENDEMOS POR FALSA CREENCIA?

Antes de definir qué es una falsa creencia, debemos comenzar por definir qué es una creencia.

Una creencia es una idea o pensamiento que se asume como verdadero. Es, en consecuencia, una certeza, una convicción que tienes sobre algo o sobre alguien. Por lo tanto, una creencia es una verdad subjetiva no discutible o difícilmente debatible, que normalmente te resistes a poner en tela de juicio y a cambiar porque se instala en tu mente como algo incuestionable, esencial y estructural.

Pero ¿qué ocurre si esa creencia es falsa, es decir, si es una automentira que sostienes continuamente y que te aleja de la realidad? Pues que tu capacidad de percepción, de pensamiento, de reflexión y de conclusión lúcida queda tocada de muerte y, en consecuencia, puedes llegar a cometer muchos errores porque no ves lo que es. Ves lo que crees que es.

Los errores aumentan, se multiplican, porque dejas de pensar con rigor y sentido de realidad. Es como si tomas decisiones durante una travesía con un GPS averiado. Te equivocas, no sabes que te equivocas y, además, no consideras la posibilidad de que el GPS funcione de modo incorrecto.

En definitiva, cuando una falsa creencia es asumida como verdadera, por mucho que la evidencia muestre o arroje indicios de que no es así, te alejas de la realidad con nefastas consecuencias: te limita, limita a los demás y te lleva a equivocaciones.

Por ejemplo, hoy sabemos que la Tierra no es el centro del universo, pero esa falsa creencia largo tiempo sostenida por los científicos y el poder eclesiástico casi le cuesta la vida a Galileo por hacer evidente que todos estaban equivocados. Ello le valió la persecución de sus tesis y la excomunión de la Iglesia.

En el límite, las falsas creencias son las generadoras de las grandes mentiras de la historia, de los delirios y de la locura individual y colectiva.

Ocurre, no obstante, que no hace falta tener un delirio ni estar enajenado para tener falsas creencias. De hecho, todos las tenemos en nuestro pensamiento y convivimos con ellas habitualmente. Lo que pasa es que algunas personas tienen pocas, estas son «leves» o se producen en ámbitos de poca relevancia para su vida; otras personas tienen muchas, profundas o en ámbitos fundamentales para su desarrollo emocional, interpersonal o profesional.

El grado de afectación de las falsas creencias en tu vida puede abarcar desde la levedad hasta la autodestrucción. En el medio, innumerables gradientes de afectación.

En resumen, una falsa creencia es una mentira mental a partir de la cual percibes la realidad y construyes el relato sobre ti mismo, sobre los demás y sobre la vida. Dicho sencillamente: una falsa creencia es una mentira a la que das valor de verdad. Por ejemplo, creer que eres torpe cuando no lo eres, o que no eres merecedor de amor cuando lo eres, o creer que no eres un buen padre o madre cuando hay evidencias que muestran que lo eres, creer que la vida es un desastre y que nada ni nadie merece la pena cuando hay argumentos y buena gente para la esperanza y dar sentido a la vida.

Las falsas creencias actúan en ti como las anteojeras que llevan los equinos, esas piezas que se colocan sobre los ojos de los jacos de tiro para que solo vean el camino frente a ellos y evitar que se asusten o distraigan por su visión periférica. El caballo tira del carro viendo el estrecho camino que tiene frente a sí, pero es incapaz de ver el peligro que se acerca por el lateral, saltándose el semáforo.

De este modo, cualquier falsa creencia te impide una visión completa de la realidad, ya que actúa a modo de condicionamiento, en primer lugar, de tu percepción, y, en consecuencia, de la interpretación de lo que ves y de la acción que se desprende de ello.

Y, como lo que creemos tiende a ser lo que creamos, si das crédito a tus propias mentiras internas, a tus falsas creencias limitantes, tu vida se construye desde los débiles cimientos de la falsedad que tenderás a encarnar.

Por ejemplo, y retomando el caso de Antonio, debido a que su falsa creencia fundamental es «un buen padre debe ser muy abnegado y sacrificado», se automachacará considerando que es un mal padre hasta que se dé cuenta de que, en el nuevo contexto de custodia compartida, no puede ni podrá ejercer del mismo modo que ejercía como padre, porque su cotidianidad en la relación con sus hijos nunca será igual que antes.

Fíjate en el carácter persistente de la falsa creencia sobre la propia vida. Mientras perdure, puedes seguir equivocándote permanentemente. Seguro que conoces a personas que caen sistemáticamente en los mismos errores. El motivo es, simplemente, que sus falsas creencias perduran. El hombre que lleva el GPS averiado y no quiere darse cuenta puede conducir durante meses dando tumbos y equivocándose de itinerario todo el tiempo que quiera.

Es fundamental, por tanto, comprender el alcance que sobre tu vida pueden tener las falsas creencias: distorsión de la realidad, toma de decisiones basadas en información errónea, aumento de errores, conversión de falsas creencias en realidades (si crees que eres torpe, acabas siendo torpe), persistencia del problema (mientras sigas creyendo que eres torpe, seguirás siéndolo).

Entrando más en el detalle, puedes observar que los seres humanos ubicamos nuestras creencias, ciertas o falsas, ajustadas a la realidad o no, en tres grandes universos:

1. **Creencias que afectan al ámbito del yo, de ti mismo, como en el caso de Antonio.** Sobre ellas versarán el resto de los capítulos de este libro, en los que profundizaremos en gran medida en cómo se despliegan y qué formas pueden tomar en ti esas falsas creencias: atribuciones, culpas heredadas, deudas inexistentes, miedos sin objeto, mandatos, etcétera.

2. **Creencias que afectan al ámbito del tú o del otro.** Aquellas que condicionan tu percepción de vínculos y relaciones, ya sea desde los prejuicios (lo que crees que el otro es) o desde las proyecciones (lo que crees que el otro cree que eres). Para ilustrar este tipo de falsas creencias, te presentamos el caso de una amiga, Úrsula,[1] una persona amable y muy generosa. A menudo, hemos pensado que esta amiga común es un caso paradigmático de cómo las falsas creencias sobre los demás (en este caso, las idealizaciones) pueden suponer un alto coste emocional en la vida.

1 Obviamente, han sido modificados los nombres y algunas circunstancias significativas de las vidas de las personas que nos sirven de ejemplo en estas páginas.

Nuestra amiga tiene ahora treinta y cuatro años. Todas las relaciones amorosas que ha tenido han acabado mal. Todas. Úrsula ha sido, es y sigue siendo víctima fácil de hombres narcisistas que la manipulan. Quienes la conocemos sabemos de su carácter dulce, amable, tierno y muy expresivo. Es muy cariñosa, abundante en generosidad y reconocida por su bondad natural y capacidad de entrega desinteresada. Úrsula quedó huérfana de padre en su infancia, está muy unida a su madre y es la mayor de tres hermanas. Trabaja como enfermera en un hospital público de Barcelona y es muy valorada por su profesionalidad, que en gran medida –estamos seguros– se debe a su enorme vocación de servicio.

Pero sabemos su talón de Aquiles: tiende a idealizar a los demás, especialmente a los hombres con los que se ha relacionado como pareja. No ve malicia en las intenciones de nadie, a pesar de que la realidad le ha mostrado reiteradamente que eso no siempre es así. Lo hemos hablado mucho con ella, pero exhibe una resistencia no consciente a abrir los ojos, y más cuando se enamora. La idealización del otro acaba, a la larga, haciéndole mucho daño por abuso de confianza de su pareja, que llega a veces al maltrato psicológico.

Su enamoramiento en la fase inicial de la relación la lleva a idealizar a sus parejas. No las ve como son; las ve como ella desea que sean. No las llega a conocer: las fabrica, crea una ilusión. A la larga, la consecuencia inevitable de una ilusión es una desilusión. Su falsa creencia de que todo el mundo es bueno le ha generado un sinnúmero de relaciones difíciles en las que sus parejas han abusado de su confianza. Al no ver al otro como realmente es, la realidad acaba siempre imponiéndose al cabo de un tiempo de relación. Sus falsas creencias sobre los demás, su idealización, limitan su capacidad de autoprotección y realización afectiva. Este es el típico ejemplo de falsas creencias en relación con los demás.

Y el último tipo de falsas creencias que puedes tener son:

3. **Creencias que afectan a cómo ves la vida.** Estas condicionan tu acción en el mundo en el presente y en el futuro. Si desconfías de la vida, si crees que esta carece de sentido o que, simplemente, no puedes hacer nada para cambiar lo que va mal en el mundo, es fácil que caigas en la resignación. Mientras que si asumes que hay procesos o circunstancias que van mal, pero crees que algo puedes cambiar, entonces afrontarás la vida con coraje y esperanza.

   Te explicamos otro caso personal. Un compañero de la universidad: Jacobo. Quienes conocen a Jacobo suelen afirmar: «¡Qué difícil es estar con él! Sales muy tocado cuando pasas un rato a su lado. Te hunde. Te contagia inevitablemente con su amargura, su pesimismo, su cinismo y su mirada negativa sobre los demás y hacia el mundo». Cuesta quedar con Jacobo hasta para tomar un café. Sales desanimado. Hablar con él media hora te deja con el estado de ánimo fundido, y necesitas uno o dos días para recuperarte. Es tremendo. Cada vez tenemos menos ganas de verle. Nos pasa a los dos autores de este libro, y nos sabe fatal. Y no es que Jacobo tenga depresión, no. No es que sea superdotado y vea la realidad como los demás no la saben ver, no. No es que vea el vaso vacío, no. Es que para Jacobo no hay vaso ni lo habrá: no hay opción, no hay esperanza, solo hay veneno, oscuridad y tragedia en el ambiente. Pesimista recalcitrante, hiriente, siempre negativo, augura sistemáticamente lo peor, y habla mal de unos y de otros. Se hace muy difícil sostener una relación con alguien así. Tienes que tragar demasiada amargura en poco tiempo si conversas con él. Te hace sentir como si fueras ingenuo o imbécil. Para él nada tiene sentido; la vida es un infierno, la gente no es confiable, todos son hipócritas, incompetentes o bobos. Él parece ser el único lúcido, cuando en realidad es incapaz de ver las cosas buenas que tenemos los demás y que tiene la vida. ¿Hay cosas que son mejorables? ¡Por supuesto! Pero estar con Jacobo es no ver opción ni esperanza. Lo curioso es que nos hunde a los demás, pero él parece disfrutar de su resignación y de su cinismo. Con un carácter así, es muy difícil que nadie quiera estar a su lado, porque el entusiasmo se contagia, pero la mala uva, también.

Como puedes ver, Jacobo tiene falsas creencias sobre la vida y sobre los demás que condicionan su mirada al mundo y sus vínculos. Para él, todo es oscuro, funesto, trágico, sin esperanza ni sentido. La amargura vocacional, casi convertida en vicio, le está dejando solo. Pocos –salvo algunos amigos que permanecemos fieles a él– le soportan media hora de conversación. Las falsas creencias sobre los demás y sobre la vida limitan su capacidad de intimidad, espontaneidad y confianza con sus afectos, los cuales cada vez se alejan más. Se lo hemos dicho, pero no hay forma de que cambie. Su verdad sobre el mundo, siendo falsa, es incuestionable para él.

Por todo lo anterior, es muy conveniente que revises las «creencias mordaza» que tienes sobre ti, sobre los demás y sobre la vida. Del mismo modo que tus creencias pueden actuar como freno para tu realización, su eliminación puede suponer dotarte de alas. Porque si tomas consciencia y liberas tus falsas creencias limitantes, ganarás muchos grados de libertad para construir tu vida sin errores ni mentiras.

No vives a la altura de tus capacidades, vives a la altura de tus creencias; y toda falsa creencia condiciona tu acción eficaz en el mundo. Las falsas creencias te hacen vivir en una falsa realidad creada por una mente autoengañada y, en consecuencia, no hay libertad de pensamiento. Las falsas creencias crean un relato basado en mentiras o en medias verdades en tu mente, de modo que no puedes verte como eres, ni ver al otro como es ni ver la vida con todo el abanico de posibilidades que ofrece, incluso en momentos de dificultad, amenaza, crisis o desafío. En definitiva, todas las falsas creencias limitan tu pensamiento y tu inteligencia, porque actúan como los muros que hay en un laberinto.

. . .

Las palabras claves de una falsa creencia son «INTELIGENCIA CONDICIONADA».

. . .

EL PELIGRO DE VIVIR CON CREENCIAS AJENAS

Hay tres consecuencias fundamentales que tienen implicaciones radicales en tu vida:

1. **Lo que crees tiende a ser lo que creas.** Es decir, tus creencias condicionan lo que percibes, sientes y piensas y, en consecuencia, lo que haces y creas. Si crees que los demás son hostiles, que te tratan siempre mal, estarás a la defensiva, harás tuya la hostilidad y serás tú quien, sin darte cuenta en muchas ocasiones, los tratarás mal y recibirás hostilidad a cambio. Si en el extremo opuesto crees que todas las personas son bondadosas, acabarás por confiar demasiado y te llevarás más de un desengaño. Es decir, tu falsa creencia se acaba convirtiendo en una realidad, en una profecía que se cumple, pero eres tú, sin darte cuenta, quien la creas.

Cuantas menos falsas creencias limitantes poseas, más experimentarás, ensayarás, aprenderás, menos condicionamientos tendrás y mayores serán tus grados de libertad para crear nuevas circunstancias, cambiar y transformarte. Más rápidamente aprenderás de tus errores y menos excusas pondrás para aceptar la realidad como es.

2. **No vives a la altura de tus capacidades, vives a la altura de tus creencias.** Tener esta idea clara puede cambiar tu vida. Hay personas altamente capacitadas que podrían lograr grandes realizaciones, pero que no lo hacen porque están condicionadas por sus creencias limitantes y, en consecuencia, se produce la tragedia de que, pudiendo lograr mucho más de lo que logran, no lo hacen porque se creen incapaces. No porque objetivamente no puedan (este punto lo abordaremos en profundidad en los capítulos sobre la llave del logro, la llave del disfrute y la llave del ser), sino porque sus percepciones lo impiden. Y también es cierto al revés: personas a las que se mal llama «discapacitadas» realizan grandes logros que dejan admirados a quienes las conocen. Viven en un entorno que les ha concedido el permiso de no dejarse condicionar por sus creencias limitantes, sino todo lo contrario, y al permitirse elevar por ideas impulsoras llegan mucho más allá de lo imaginable. En consecuencia, lo que pone techo a tu realización no son tus capacidades, sino tus falsas creencias.

3. **La posición existencial.** La combinación de las creencias sobre ti y sobre los demás construye lo que el psiquiatra canadiense Eric Berne definió como posición existencial.

La posición existencial es el signo con el cual te percibes a ti y a los demás, ya sea a través de pensamientos, imágenes o sentimientos. Es decir, la falsa creencia no solo provoca que cometas errores. También produce alteraciones de signo en la percepción del mundo.

La combinación de percepción positiva/negativa sobre ti y sobre los demás arroja cuatro posiciones existenciales posibles que, según Berne, pueden ser observadas en todas las personas. Son estas:

- «Yo estoy bien» (las creencias que tengo sobre mí no me limitan en mi mente).
- «Tú estás bien» (las creencias que tengo sobre ti no te limitan en mi mente).
- «Yo no estoy bien» (las creencias que tengo sobre mí me limitan en mi mente).
- «Tú no estás bien» (las creencias que tengo sobre ti te limitan en mi mente).

Vamos a ver cómo se combinan.

Yo estoy bien. Tú estás bien

En esta combinación, no hay signo negativo alguno. Ves al otro libre de falsas creencias y te ves a ti también libre de ellas.

Es la única posición adecuada que contempla la realidad y que no está condicionada por creencias limitantes. Integra los aspectos propios positivos y negativos que todos poseemos, sin amplificar ni negar ninguno, sin sesgos ni deformaciones, manteniendo el respeto por uno mismo y la autoestima, con una autocrítica adulta. Te ubicas en tu justo valor, te ves como eres y te sientes bien, aunque no seas perfecto, y haces lo mismo con el otro. También se llama *posición realista*. Con ella, asumes las consecuencias de tus actos, aprendes de ellos y no te mientes, ni mientes, ni dejas que te mientan. La realidad es la base de partida del tablero y no negarla te permite avanzar conjuntamente por el bien común. La creencia fundamental sería «juntos podemos hacer más y mejor, juntos podemos ganar y llegar más lejos». Es la esencia de la verdadera inteligencia colaborativa y de la buena negociación. Es la posición que da lugar a la sinergia, al beneficio mutuo, a la teoría de «ganar-ganar» de verdad.

Gracias a esta posición realista puedes avanzar junto a otros sin reparar en obstáculos, puedes unir tus capacidades y cooperar con los demás, creando sinergias. Puedes encontrar conjuntamente fórmulas para mejorar lo que no funciona. Puedes negociar para obtener un bien compartido, sabiendo que para ganar no es necesario vencer. Y sabes hallar soluciones colectivas a los problemas que te desbordan en lo individual y en lo social. En definitiva, bajo esta posición existencial hay una expectativa de logro compartido.

Yo no estoy bien. Tú estás bien

La percepción sobre ti mismo está construida sobre falsas creencias. La de los demás está sesgada al alza. Lo tuyo es una porquería, a ti te pasan todos los males y a los demás todo les va bien y no les sucede nada malo.

Es la *posición desvalorizada*, en la que las creencias sobre ti mismo están condicionadas por situaciones de sobreprotección o persecución en la infancia. Exageras lo negativo propio y desvalorizas lo positivo propio, sobrevalorando lo positivo de los demás, sin ver sus aspectos negativos. Muestras mucha consideración por las convicciones y los deseos de los demás, anteponiendo sus necesidades y aspiraciones a las tuyas. En esta posición, hay tendencia a victimizarse y a poner en manos de los otros el poder sobre el propio presente y el futuro. La creencia fundamental es «yo no sé, no valgo, no puedo; tú sí que sabes, vales y puedes. Yo no merezco; tú, sí».

En la posición desvalorizada hay tendencia a la sumisión o a la admiración, pero también a retirarse, a victimizarse con frecuencia, a esperar pasivamente instrucciones para actuar incluso en casos de emergencia, y existe la expectativa de que el otro nos salve o rescate.

Yo estoy bien. Tú no estás bien

La percepción sobre ti mismo está exenta de humildad y magnanimidad. «Lo mío es más importante que lo tuyo. Yo hago bien las cosas y tengo razón, mientras que tú eres un inútil que necesita mi ayuda» serían las creencias que sintetizan esta posición.

Es una *posición de sobrevaloración*. Exageras lo positivo propio, no reconociendo los aspectos negativos, a la vez que sobrevaloras lo negativo de los otros. El narcisismo y la psicopatía estarían en esta posición. Se muestra poca consideración por las convicciones, las necesidades y los deseos de los demás, anteponiendo las propias necesidades y deseos. En el límite, tratas a los demás como si fueran objetos manipulables en tu propio beneficio. La creencia fundamental es: «Yo valgo y merezco ganar, los demás no valen y merecen perder», lo que desemboca o bien en personalidades entrometidas y salvadoras que se dedican a decir a los demás lo que tienen que hacer sin que se lo pidan, o bien en perseguidores que van por la vida menospreciando, exigiendo y machacando a quienes los rodean.

En la posición de sobrevaloración desvalorizas al otro, lo acusas y lo persigues. Se produce una búsqueda de poder y de dominio. El menosprecio abunda y la lucha sucia o la puñalada por la espalda hacen su aparición. La expectativa reside en la incompetencia del otro y en acceder a posiciones de poder desde la fuerza y la manipulación.

Yo no estoy bien. Tú no estás bien

La percepción es negativa y sesgada a la baja con carácter general. Todo es un desastre; ni yo soy capaz, ni tú lo eres. El mundo está condenado al fracaso: «Lo mejor que podemos hacer es desconectar del mundo o sobrellevar nuestro paso por la vida evitándola y refugiándonos en otra realidad menos dolorosa que la propia vida».

Es llamada, también, *posición nihilista* por la similitud con filosofías amargas, sin salida ni solución percibida. Es la posición que te lleva a no creer en ti mismo, en nada ni en nadie, ni en la propia vida. Cualquiera puede pasar por esta posición en un momento dado, como consecuencia de un gran revés existencial o por la suma de una serie de reveses duros. Sin embargo, esta posición, prolongada en el tiempo, puede llevar a situaciones dramáticas, desesperadas y de abandono vital. La creencia fundamental es «vamos a perder todos y no hay nada que podamos hacer». La pasividad, el cinismo y la rendición son sus frutos.

En la posición nihilista dominan la resignación y la amargura: no hay nada que hacer ni nadie que pueda hacerlo. La indiferencia y la huida de las responsabilidades dan lugar a la expectativa de la catástrofe colectiva.

En resumen, de las cuatro posiciones existenciales, hay dos en las que alguien pierde (desvalorización, sobrevaloración), una donde todos perdemos (nihilista) y otra en la que todos podemos crecer, lograr y prosperar (realista).

En consecuencia, las falsas creencias pueden hacer que tu mente te mienta y falsee la realidad creando «tu falsa realidad», donde entras en el juego de «ganar-perder», «perder-ganar» o «perder-perder».

Este esquema que te hemos explicado es muy útil en la vida. Te puede ayudar a comprender muchos comportamientos propios y ajenos. Sobre todo, introduce una cuestión esencial: lo que a veces te dicen y hacen los demás, lo que dices o haces tú, parte de alguna de estas cuatro posturas, y no de la realidad en sí. No actúas basándote en la información y en los hechos, actúas según interpretas la información y los hechos desde la postura existencial en la que vives.

A partir de ahora, no trates de comprender a los demás a partir de sus argumentos. Intenta diagnosticar cuál es la postura existencial desde la que actúa el otro y comprenderás muchas cosas que aún no comprendes. Haz lo mismo respecto a ti mismo.

Las creencias desembocan en cuatro posibles posturas existenciales, de las cuales tres son efecto de falsas creencias. Esas tres posturas existenciales te pueden llevar a la incapacidad de ver la realidad tal cual es y a construir un falso relato en el que alguien, por fuerza, tiene que acabar sufriendo.

Las falsas creencias deforman la mirada y la percepción. Pero es la postura existencial la que finalmente determina las acciones, las palabras, los pensamientos y las emociones.

Así, la falsa creencia es una mentira mental y emocional que deforma la imagen que tienes de ti, la imagen que tienes de los demás y la imagen que tienes de la vida. Toda creencia limitante crea monstruos donde no los hay y falsos ángeles que acaban convirtiéndose en demonios. En ambos casos, la profecía se acaba cumpliendo.

En definitiva, las falsas creencias pueden deformar tu visión de la realidad, inhiben tus capacidades y condicionan tu capacidad de crear tu realidad. Y lo hacen a través de la posición existencial a la que nos abocan.

• • •

Las falsas creencias inhiben NUESTRAS CAPACIDADES y determinan POSICIONES EXISTENCIALES PERDEDORAS.

• • •

APRENDE A IDENTIFICAR LAS FALSAS CREENCIAS

¿Es posible identificar tus falsas creencias? ¿Es fácil hacerlo?

La respuesta a la primera pregunta es sí, es posible. En cuanto a la facilidad, depende de la práctica que adquieras a la hora de cuestionarte.

La falsa creencia es sutil. Como hasta que no la veas, no la cuestionarás, no sabes ni que existe ni que es falsa; no hay nada que plantearse u objetar.

Volviendo al ejemplo en el que conduces con un GPS averiado, solo vas a tener un indicio del problema: los errores cometidos durante la travesía. Has de llegar a un lago, pero llegas a un bosque. Has de encontrar una población, pero hallas un campo. Has de estar en cota máxima, pero sigues subiendo. Debería haber un camino aquí, pero no lo hay, hay un prado enorme lleno de vacas paciendo.

Las falsas creencias se manifiestan a través de grandes y continuados errores en la vida cotidiana y en tus relaciones.

Como las falsas creencias producen vicios de percepción, interpretación, narración y actuación, son las principales productoras de las dos grandes fuentes de sufrimiento de la humanidad: el error y la mentira.

El error ya lo hemos explicado. Pero ¿y la mentira?

Es muy sencillo. Imagina que, mientras vas con tu GPS averiado, no quieres aceptar que tu creencia es falsa e insistes en que el GPS funciona bien. ¿Qué dirás a tus acompañantes durante la travesía? Como necesitas confirmar que el GPS va bien, lo que harás es modificar la realidad para que esta se ajuste al mapa.

«Esto no es un campo, es el inicio de una población.»

«El bosque es la demostración de que hay agua cerca. Por aquí estará el lago.»

«Ya estamos en la cota máxima, enseguida empezamos a descender.»

Y así sucesivamente. Si Mahoma no va a la montaña, que la montaña vaya a Mahoma. Si no quieres reconocer errores y tampoco que tu realidad es falsa y que tu postura existencial está viciada, pues a cambiar la realidad.

Cambiar la realidad de forma consciente se llama *mentir*.

La mentira no siempre es malintencionada. Surge de la incapacidad para reconocer errores pasados. Es decir, las falsas creencias te llevan a querer ocultar el error, y surge la mentira.

Por ese motivo, falsas creencias, errores y mentiras son un trío que siempre va de la mano.

El error, salvo que sea catastrófico, inmenso, garrafal e irreversible, es perdonable. En realidad, aprendes gracias al error, y ¿cuántos errores por falta de experiencia o de habilidad, por estar en pleno proceso de aprendizaje, has cometido a lo largo de la vida? Miles, afortunadamente. Cometer errores es consustancial a los procesos de aprendizaje, de riesgo y de innovación. Simplemente, se trata de reconocerlos, de disculparse, pagar el precio, rectificar y seguir avanzando. Si asumes lo anterior, el error, más que un problema, puede ser un trampolín para tu evolución. No sabrías andar ni correr si en tu infancia no te hubieras caído cientos de veces y te hubieras levantado de nuevo. Porque el error, si se corrige, se repara y se aprende de él, es esencial para el desarrollo de cualquier habilidad y para cualquier proceso de logro o realización.

Ahora bien, las mentiras son un tipo de error emocional que abre la puerta a las falsas excusas, a las ocultaciones, a las tergiversaciones, a las acusaciones, y también al orgullo, a la negación de la realidad, a la manipulación y a tantas otras perversiones del carácter como el chantaje. Y ese tipo de error (la mentira y sus derivadas) no se perdona tan fácilmente. Por ello, quien comete un error, no se atreve a reconocerlo (por miedo a ser señalado, por vanidad y orgullo, o para no perder determinada posición social) y lo oculta.

Y es precisamente esa ocultación la que hace que el problema y el malestar tiendan a aumentar hasta que la situación se desmorona o revienta. Porque la verdad siempre pide paso, silenciosa, humilde y paciente, por más que se intente matarla, ocultarla o disfrazarla. Su fuerza es pura como la luz, se cuela por cualquier rendija, por pequeña que sea.

Luego el error no es el problema, o no debería serlo, en la mayoría de los casos. El problema es la mentira. Siempre.

Y la mentira nace del miedo, que surge invariablemente de las falsas creencias basadas o bien en el yo («no debo reconocer el error, me verán débil, me verán torpe, me verán tonto»), o bien en el otro («si declaro mi error, el otro será mi verdugo, me perseguirán, me criticarán, me excluirán, seré su víctima»), o bien en el yo y en el otro («debido a este error, todos perderemos y a mí me tocará pagar el precio»). El error no reconocido y ocultado por la mentira apoyada en las falsas creencias lleva a la implosión existencial.

Por ello es tan necesaria la educación emocional, social y psicológica de nuestros hijos, para que conquisten libertades que no les hagan esclavos ni de sus falsas creencias, ni de sus errores ni –lo que sería peor– de sus mentiras. Para que el día de mañana, en el ejercicio de sus responsabilidades, cuando se equivoquen, que lo harán, como lo hacemos todos, por lo menos, no mientan. Lo que hunde a un sistema humano no es el error que, bien gestionado, puede ser una fuente de aprendizaje extraordinario. Lo que hunde a un sistema humano es la mentira, y toda mentira nace de la no asunción de los errores acumulados por falsas creencias limitantes sobre mí, sobre el otro, o sobre la vida.

• • •

Las falsas creencias se manifiestan COMETIENDO ERRORES, OCULTÁNDOLOS CON MENTIRAS Y NEGANDO LA REALIDAD.

• • •

¿CÓMO PUEDES ANULAR UNA FALSA CREENCIA?

La inteligencia es una herramienta que, bien empleada, permite adaptarte a la realidad, avanzar en el camino de la vida gracias a encontrar soluciones, identificar oportunidades, tender puentes, conectar y cooperar, saber elegir bien con quién te relacionas, saber negociar contigo mismo y con los demás. Piensa que en esta vida, por suerte o por desgracia, no tienes lo que te mereces, sino lo que sabes negociar.

Y, para avanzar en la vida y conseguir bienestar y plenitud, es esencial evitar el sesgo en tus percepciones. Vivir cometiendo la menor cantidad de errores gracias a que tus reflexiones, razonamientos y conclusiones están lo más cerca posible de la realidad. Eso te ayudará a elaborar una interpretación cabal de quién eres, dónde estás, con quién estás, qué puedes hacer, hasta dónde puedes llegar y, especialmente, qué necesitas para ir realizando tu potencial.

Al actuar así, no es necesario mentir y la vida avanza sin tropiezos ni máculas, y plena de aprendizajes fructíferos. En la medida en que eres capaz de desarticular tus falsas creencias, vas viviendo con mucha más lucidez y claridad mental, y logras un mejor y mayor contacto con la realidad haciendo un uso más eficaz de tu inteligencia.

¿Cómo puedes cuestionar la veracidad y la potencia de tus falsas creencias?

Simplemente, respondiendo a las siguientes dos preguntas:

- ¿Puedo afirmar con total certeza que esta creencia es verdadera?
- ¿Puedo encontrar un solo supuesto en mi vida en el que esta creencia no se cumpla y, en consecuencia, ver su falsedad?

Por ejemplo, en un seminario sobre creencias limitantes que llevamos a cabo y en el que un participante era Antonio (el con el que hemos abierto este capítulo), cuya creencia limitante era «debería sacrificarme mucho más por mis hijos», le preguntamos por qué afirmaba eso y su respuesta fue: «Porque desde que estoy divorciado, no cuido como debiera de ellos». Le propusimos crear juntos un listado de acciones concretas en las que él pudiera reconocer que cuidaba a sus hijos. El listado arrojó más de sesenta acciones que mostraban que, si bien no disponía de todo el tiempo que él quisiera para estar con ellos, actuaba de manera responsable y muy amorosa, incluso asumiendo funciones por solidaridad con su expareja, la madre de sus hijos. Ella tenía un horario de trabajo muy complicado y, gracias a la cordial relación que mantenían, él la ayudaba entre semana, incluso cuando no le correspondía la custodia. La clave de esta falsa creencia era que, en realidad, Antonio se comparaba con su propia madre, abnegada y dedicada hasta el máximo sacrificio por sus hijos. La culpa que él sentía al compararse con su madre, una mujer humilde de la posguerra civil española, le hacía sentirse muy por debajo del umbral mínimo aceptable –según su baremo subjetivo– de lo que debía ser un buen padre, cuando, en realidad, ya lo era.

Hay una técnica estupenda creada por Byron Katie,[2] autora y conferenciante que ha creado un novedoso método de empoderamiento personal, llamado *the work* («el trabajo»). Este método de autoindagación persigue identificar las fuentes de sufrimiento y gestionarlas; muchas de ellas se basan en falsas creencias.

El trabajo de Byron Katie formula cuatro preguntas que nos podemos hacer con otra persona o ser llevadas a cabo por uno mismo. Este método es el resultado de un proceso personal de salida de una depresión, que tuvo a esta autora en una situación de dramático malestar mental y emocional desde los treinta hasta los cuarenta años, en la que incluso pensó suicidarse. Al cuestionar estos pensamientos limitadores, Katie se liberó, y así lo plantea en su método.

Según la amplia experiencia de Byron Katie, las cuatro preguntas fundamentales que aíslan lo negativo de nuestro pensamiento son:

1. ¿Es verdad esa creencia? Responde *sí o no*; si la respuesta es no, pasa a la tercera pregunta.

2 Explica su transformación en libros como *Amar lo que es: Cuatro preguntas que pueden cambiar tu vida* (Barcelona, Books4pocket, 2009), *Mil nombres para el gozo: vivir en armonía con las cosas tal como son* (Barcelona, La Liebre de Marzo, 2013), o *Cuestiona tu pensamiento, cambia el mundo* (Madrid, Faro, 2011).

2. ¿Puedes saber con una certeza absoluta que eso es verdad? Responde sí o no.
3. ¿Cómo reaccionas cuando crees en esa creencia?
4. ¿Quién serías sin esa creencia?

La primera pregunta te lleva a cuestionarte la veracidad de la falsa creencia, hasta darte cuenta de que vives con un pensamiento falso o una falsa creencia.

La segunda pregunta difícilmente tendrá una respuesta afirmativa si indagas y observas el mundo desde una perspectiva más amplia.

Cuando pasas a analizar la reacción que provoca en tu interior dicha creencia, como sugiere la tercera pregunta, pones el foco sobre tu forma de pensar. ¿Qué te provoca aquello en lo que crees?

Al responder a esta cuestión, encuentras luz y argumentos para detener la agresión emocional que, muchas veces, sufres por dar fe a falsas creencias limitantes.

Para acabar, la cuarta pregunta es una puerta para transformar tu forma de vivir. Imagina quién serías sin que esa creencia limitante operara en ti. Esta pregunta te permite vislumbrar el gran cambio que genera liberarte de una mentira que opera en tu mente.

Nosotros añadiríamos dos más a este protocolo de cuatro preguntas, que son:

5. ¿Cómo sería un día en tu vida si vivieras libre de esa creencia?
6. En consecuencia, qué decides, ¿trabajar para liberarte o seguir con ella?

...

Una falsa creencia se anula
CUESTIONANDO SU VERACIDAD CON HECHOS REALES, CON EVIDENCIAS.

...

TODO CAMBIO OFRECE RESISTENCIA

Todo cambio implica una resistencia, y con el cambio de creencias sucede lo mismo. Cuando te enfrentas a tus falsas creencias, surge una primera resistencia: el miedo a pensar que te puedes estar equivocando, ya que cuestionar y liberarse de una idea falsa que te ha acompañado toda la vida entraña un proceso de duelo, de pérdida, de decir adiós a algo que ha formado parte de tu ADN mental durante muchos años, aunque fuera algo limitante y tóxico. Y en ese duelo, como en todos, hay momentos de duda que te pueden hacer volver a caer presa de esa falsa creencia, gracias a que la visión que tenías de la realidad era distorsionada, pero segura (¡paradojas de la mente condicionada!).

Superada esta lucha interna inevitable, hay una segunda etapa en la que surge la denuncia ajena o externa. Son los otros quienes te cuestionan, te preguntan cómo puedes creer cosas contrarias a las que ellos creen. Veremos esto con más detalle en próximos capítulos: al liberarte de una falsa creencia que tal vez otros arrastren, te estás concediendo el permiso de vivir con un mayor grado de libertad, y eso puede no gustar a quien envidie tu realización. Indirectamente, te están negando la aceptación por pensar distinto y por alcanzar tus logros a partir de ese pensamiento.

Sucede que, si te liberas de falsas creencias en un entorno donde otras personas son esclavas de ellas, querrán saber qué has hecho para cambiar. Y cuando les desveles el remedio, habrá quien quiera aplicárselo y habrá quien refuerce su rechazo hacia ti y te diga que «te has iluminado». Te van a mirar sospechosamente, y ello puede llevar a que cambies drásticamente de entorno de referencia, de amistades, de realidades cotidianas, incluso de forma tajante.

Ya lo decía Marcel Proust: «Aunque nada cambie, si yo cambio, todo cambia» y como hemos dicho anteriormente, lo que crees es lo que creas. Liberarte de creencias limitantes cambia de manera muy significativa, a veces drástica, tu realidad, y eso puede incomodar a quienes quieren seguir quejándose, presos en su jaula, pero que en realidad no quieren cambiar nada importante de su vida. Porque a quien vive en un mundo de mentira le cuesta mucho enfrentar y digerir la verdad.

...

**Al liberarte de una falsa creencia,
los demás O BIEN QUERRÁN
APRENDER CÓMO LO HAS HECHO,
O BIEN TE ENVIDIARÁN Y CRITICARÁN.**

...

También puede suceder que cuando cambies te llamen egoísta porque dejas de comportarte como venías haciéndolo, y, quizá, en esa manera de ser otros encontraban un beneficio. Pero ten claro que liberarse de una creencia falsa no es ser egoísta, es ser realista.

¿Acaso eres egoísta por querer liberarte de una idea que te hace daño y te limita? ¿Eres egoísta por querer vivir sin errores ni mentiras? ¿Eres egoísta por indagar para ser más consciente de ti mismo, de los demás y de la vida? ¿Eres egoísta por querer tener una posición existencial basada en la realidad? ¿Eres egoísta por liberarte de mordazas mentales que te esclavizan y limitan el bien común? ¿Eres egoísta por cuestionar la verdad o reconocer la falsedad de los pensamientos que sientan las bases de tu comportamiento? ¿Eres egoísta por buscar la verdad y la libertad que os puede abrir un camino, a ti y a los demás, para vuestra propia realización? ¿Eres egoísta por tener la determinación de aprender de los errores, no mentirte ni mentir, y procurar establecer relaciones de mutuo respeto basadas en la lucidez, renunciando a la manipulación y al engaño?

Todas las preguntas anteriores son retóricas, evidentemente. Y te las formulamos para hacer evidente el absurdo de que haya personas que no quieran cambiar, aunque sea evidente que viven en su propio autoengaño, temiendo mirar de frente a la realidad y pagando caras consecuencias por ello.

Quien busca la llave del pensamiento no es egoísta: es realista, valiente y lúcido. Quien te llame egoísta por querer hacerlo está confesando su propio miedo a la realidad, a la verdad y a la libertad de pensamiento.

. . .

Renunciar a una falsa creencia no es egoísmo, ES RECUPERAR EL SENTIDO DE REALIDAD.

. . .

UN ACTO DE VALENTÍA Y PACIENCIA

Por todo lo anterior, cuando te liberas de falsas creencias entras en una nueva realidad donde las limitaciones impuestas por tu inconsciente mueren y dan lugar a un cambio integral en tu relación contigo mismo, con los demás y con la vida. Pasas de vivir con cortapisas en tu percepción, pensamiento y acción a vivir viendo claro, con la voluntad de dejar de cometer errores evitables que hacen un daño a menudo estéril, porque las mismas falsas creencias que los crean los acaban autojustificando. No puede haber logro ni realización si tu percepción y tu pensamiento están limitados, condicionados.

La afirmación de Albert Camus «yo vivo en la noche y hago por ver claro» refleja claramente la intención de una persona que desea salir de sus condicionamientos y liberar su capacidad de percibir y pensar. En este sentido, iniciar un viaje de autoindagación para liberarse de falsas creencias requiere una buena dosis de coraje.

Y el coraje no es ausencia de miedo, es consciencia de que hay algo por lo que vale la pena arriesgarse. Si este libro está en tus manos y has llegado hasta aquí en su lectura, es porque, sin duda, dispones de ese coraje necesario que se traduce en determinación. Todo proceso de cambio y transformación personal serio pasa necesariamente por el coraje de querer mirarte al espejo y reconocer aquellos condicionamientos que esconden las siete llaves de tu libertad vital. Pero la capacidad que consideramos en primer lugar para que la transformación sea fructífera es la llave del pensamiento, ya que sin ella seguiríamos dando vueltas en círculo con nuestro GPS averiado.

En este sentido, nuestra experiencia nos lleva a sugerir que el proceso ha de ser progresivo. Querer cambiar de la noche a la mañana, liberarse de falsas creencias, es como ir sacando capas a una cebolla: lleva tiempo y puede provocar lágrimas, como todo proceso de crecimiento y transformación. Pero las lágrimas pueden ser no solo de dolor, sino también de felicidad. Mirar directamente a la luz lleva tiempo y también nos hace llorar.

Woody Allen decía: «Me llevó veinte años tener éxito de la noche a la mañana»; por ello, la precaución es la paciencia. Paciencia para darte tiempo, para cuestionarte progresivamente; paciencia para perseverar, para integrar los cambios; paciencia para permitirte equivocarte y rectificar. La palabra *paciente* proviene del latín *patiens* («sufriente, el que ha sufrido»), participio de *pati, patior* («sufrir»). Pero hay sufrimiento estéril, y hay sufrimiento creativo y productivo. En este sentido, vale la pena (literalmente, vale el sufrimiento) tener el coraje de cambiar y la paciencia para permitirte ir floreciendo en la nueva realidad, donde la llave del pensamiento te permite abrir la mente, ver claro y crear circunstancias desde una mente lúcida.

. . .

Liberarte de falsas creencias y conquistar la LLAVE DE PENSAMIENTO requiere CORAJE Y PACIENCIA.

. . .

LIBÉRATE Y DI ADIÓS A LAS MENTIRAS

Cuando derrumbes falsas creencias, te darás cuenta de que el abanico de posibilidades al que te enfrentas como persona es mucho mayor, mucho más rico.

La liberación de las falsas creencias te lleva al principio de realidad y ello produce que surjan nuevas oportunidades, nuevas relaciones, cambios y transformaciones más allá de lo esperado e imaginado cuando eras presa de las falsas creencias.

Liberarte de falsas creencias aumenta tu nivel de consciencia, porque dejas de tener dañada y alterada la percepción. Ves lo que es como es, sin añadir ni quitar nada, sin idealizaciones propias ni ajenas, aceptando las luces y sombras de todos y en todo. Al fin, aceptas la ambivalencia y sales del juego del maniqueísmo: todo bueno frente a todo malo, dentro de una lógica inmadura e infantil. Liberarte de falsas creencias es liberar tu capacidad de ver claro y con matices, porque es en los matices donde está la realidad. La lucidez es la consecuencia de ello. Y, desde esa lucidez, puedes entonces creer sin sesgos ni condicionamientos, siendo mucho más consciente de dónde te metes y con quién te metes a hacer algo.

Dado que lo que crees tiende a ser lo que creas, para lo malo y para lo bueno, cuando te liberas de falsas creencias limitantes, tu realidad cambiará de polaridad: pasará de la polaridad de la mentira a la polaridad de la verdad, pasará del engaño a la lucidez. Y es en la lucidez donde está el camino a la realización, a la felicidad madura, a la alegría que nace del reconocimiento de la verdad, a la plenitud que va de la mano de la eficacia, que no se hace trampas jugando al solitario.

Porque la mentira es tergiversadora, complicada, liante, densa, pesada..., y la lucidez es franca, práctica, sencilla y altamente eficaz.

...

El no a una falsa creencia te abre la puerta a... VIVIR CON CONSCIENCIA, BUEN CRITERIO, EFICACIA Y HONESTIDAD.

...

CLAVES PARA LOGRAR LA LLAVE DEL PENSAMIENTO

1. Dibuja tres columnas en un papel y dales los siguientes nombres:

Yo	Los demás (los otros)	La vida

2. Escribe bajo cada columna cuáles crees que son las falsas creencias que tienes sobre ti, sobre los otros y sobre la vida, respondiendo a estas preguntas.
   - ¿Qué creencias limitantes identifico aquí y ahora sobre mí?
   - ¿Qué creencias limitantes identifico aquí y ahora sobre los demás?
   - ¿Qué creencias limitantes identifico aquí y ahora sobre la vida?
   - ¿Cómo están condicionándome esas creencias limitantes en mi cotidianidad?
   - ¿Puedo crear nuevas circunstancias en mi vida si sigo creyendo lo que creo sobre mí?
   - ¿Puedo crear nuevas circunstancias en mi vida si sigo creyendo lo que creo sobre los demás?

- ¿Puedo crear nuevas circunstancias en mi vida si sigo creyendo lo que creo sobre la vida?
- ¿Qué posición existencial reconozco ahora en mi vida? ¿Es realista, sobrevalorada, desvalorizada o nihilista?
- ¿Qué beneficios obtengo en mi posición existencial actual?
- ¿Qué dificultades y problemas me genera mi posición existencial actual?
- ¿Deseo modificarla y asumir una posición realista?
- ¿Qué debo hacer para lograrlo?
- ¿Me comprometo a ello?

3. Si puedes hacer este ejercicio con alguien de extrema confianza y afecto, intercambiad vuestras hojas y comentad la mirada que tiene tu par sobre tus falsas creencias, porque quizá te hará apreciar algunas que, de entrada, te cuesta ver a ti.

4. Cuando hayas terminado el ejercicio anterior, responde a estas preguntas, siguiendo el método de Byron Katie:

   1. ¿Es verdad esa creencia? Responde sí o no; si la respuesta es no, pasa a la tercera pregunta.
   2. ¿Puedes saber con absoluta certeza que eso es verdad? Responde sí o no.

3. ¿Cómo reaccionas cuando crees en esa creencia?
4. ¿Quién serías sin esa creencia?
5. Escribe cómo sería un día en tu vida si vivieras libre de esa creencia.
6. En consecuencia, qué decides, ¿trabajar para liberarte o seguir con ella?

5. Vuelve al ejercicio periódicamente, hasta que las propias evidencias de tu cotidianidad muestren síntomas de la muerte, de la extinción de la falsa creencia limitante.

LA LLAVE DEL PENSAMIENTO EN DIEZ MÁXIMAS

Las falsas creencias impiden la
llave del pensamiento.

* * *

Las palabras claves de una falsa creencia
son «inteligencia condicionada».

* * *

Las falsas creencias inhiben nuestras capacidades
y determinan posiciones existenciales perdedoras.

* * *

Las falsas creencias se manifiestan
cometiendo errores, ocultándolos con
mentiras y negando la realidad.

* * *

Una falsa creencia se anula cuestionando su veracidad con hechos reales, con evidencias.

* * *

Al liberarte de una falsa creencia, los demás o bien querrán aprender cómo lo has hecho, o bien te envidiarán y criticarán.

* * *

Renunciar a una falsa creencia no es egoísmo, es recuperar el sentido de realidad.

* * *

Liberarte de falsas creencias y conquistar la llave de pensamiento requiere coraje y paciencia.

* * *

El no a una falsa creencia te abre la puerta a...
vivir con consciencia, buen criterio,
eficacia y honestidad.

...

Di no a tus falsas creencias y CONQUISTA LA LLAVE DEL PENSAMIENTO.

...

CAPÍTULO 2

LA LLAVE DEL JUICIO

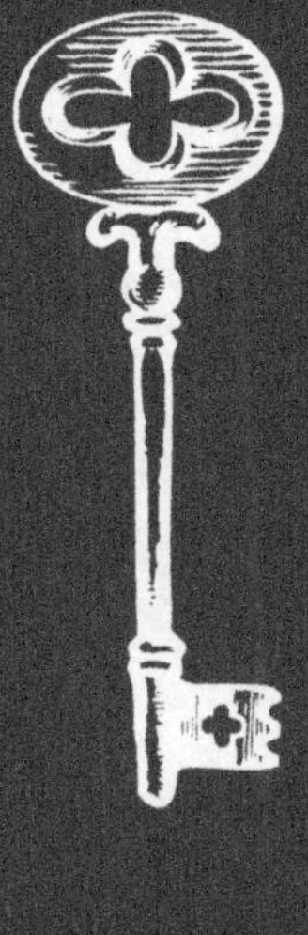

SEGUNDA CELDA

El rey prosiguió narrando el enigma a Ibrahim, quien, de momento, no tenía idea alguna de por dónde podía andar la solución.

–Bien, Ibrahim. Sigamos…

* * *

El hombre avanza por el pasillo oscuro hasta la segunda de las celdas. En el interior, halla a una mujer alta y delgada. Su rostro es hermoso, sus ojos, azules. Pero la ausencia de luz y la humedad de tantos años de confinamiento le confieren un aspecto envejecido y le restan belleza. La mujer se halla sentada y lee un libro de leyes.

–Buena mujer –le dice el hombre–, ¿qué haces ahí dentro? ¿Qué delito has cometido?

–Oh, ningún delito. Ninguno de los prisioneros de este palacio hemos robado ni matado. Estamos confinados en mazmorras por otros motivos.

–Tú, como el anterior prisionero, ¿también piensas que tu llave no existe ya?

–No, esa no es mi creencia. Eso no es cierto. La llave de mi mazmorra está en alguna parte de este palacio. Como la de todos nosotros.

—¿Quieres que te ayude a encontrarla?

—No, no. Eso sería contravenir un precepto. La norma dice que permanezcamos aquí. Tú mismo deberías ocupar también una mazmorra. Permanecer en el interior de las celdas es lo correcto, lo adecuado.

—Pero ¿cómo va a ser eso lo adecuado? ¿Quién lo dice? ¿Dónde está escrito? Tu salud está deteriorándose, estás desgastándote, acabarás por morir por la ausencia de luz y aire puro.

—Las normas están para cumplirlas. En la vida hay que hacer lo correcto.

—Y si yo te demostrase lo contrario, ¿saldrías de tu celda?

—Si encuentras la llave de mi celda, significa que estar encerrado no es lo correcto, de acuerdo.

—Pero… —continúa, desesperado, el hombre— sabes que es imposible dar con ella en el palacio. A no ser que… ¿Conoces alguna pista que pueda servirme?

—Te he dicho cuanto sé.

Acto seguido, la mujer se arrodilla y sigue leyendo textos legales. El visitante del palacio niega con la cabeza. Y piensa que, sin pista alguna, jamás encontrará las siete llaves.

* * *

«¿Qué te parece, Ibrahim, quieres proseguir?», le preguntó el rey. Ibrahim se sintió como el protagonista del enigma. ¿En ningún momento pensaba el rey darle pistas?

ESCLAVOS DE NORMAS INMORALES

Paco tenía cuarenta y dos años. Era el menor de cuatro hermanos, hijo de una pareja con sólidos valores morales. Había sido educado en una escuela privada de moralidad estricta y firmes hábitos. En su formación, los valores, las normas y la tradición eran ejes incuestionables de comportamiento.

Tras catorce años de matrimonio y sin hijos, Paco se planteó el divorcio, ya que hacía muchos años que su relación de pareja sufría importantes carencias en la dimensión afectivo-sexual. A ello se sumaba la imposibilidad de diálogo con su mujer sobre estas cuestiones. Su esposa era hija de una familia de amigos muy íntimos de sus padres, también de firmes convicciones.

Los intentos que Paco había hecho para poner sobre la mesa las dificultades en el encuentro afectivo-sexual habían recibido un firme rechazo por parte de su mujer, quien decía sentirse tremendamente incómoda al tener que hablar «de estas cosas», ya que ella consideraba que era normal que «tras el enamoramiento de los primeros años, todas las relaciones se enfriasen, y no pasaba nada».

El desencuentro tanto en lo físico como en la comunicación generó en Paco, que era leal y fiel, una frustración, una tristeza y un desenamoramiento progresivos. Pero había un problema adicional.

Cada vez que hablaba de su situación de pareja con alguno de sus hermanos mayores, su consejo era tener resignación y paciencia. Jamás la opción del divorcio se ponía sobre la mesa. Era un tabú en el universo familiar y en el universo de relaciones en el que se movían sus miembros.

Al ser Paco el primero en toda su familia que se planteaba el divorcio, la culpa hacía honda mella en él. Ser el primero en revertir algo que a todos resultaba incorrecto e inapropiado le provocaba un hondo pesar. La decepción que sentía que provocaría en sus padres, aún vivos y en la ochentena, le frenaba sobremanera.

Postergaba la decisión de dar el paso y divorciarse al día en que su padre y su madre fallecieran, pero eso podía suponer aguantar diez, doce, quince años. ¿Quién lo podía saber? Cada día pensaba en ello.

Y, por supuesto, el simple hecho de abordar su ruptura matrimonial con sus padres se le antojaba inabordable. Tenía el temor de que ello bastaría para hacerlos enfermar gravemente.

Paco era un adulto con la culpa de un niño. Una culpa que le hacía sentir que su divorcio sería una mancha irremediable para la estirpe familiar, un disgusto enorme para sus padres, una mácula insalvable para la tradición y el honor de los suyos. La sensación que le invadía era que «hacía mal», que «hacía lo incorrecto».

Prisionero del código de honor familiar, la tradición y la lista de cosas que están *bien* y están *mal*, fue su amigo Alberto, que se había divorciado dos años antes y había culminado un buen proceso de divorcio, quien le mostró una nueva manera de ver las cosas. Le hizo evidente que ya hacía demasiado tiempo que su relación de pareja era más una relación de amistad resignada y de paz barata que matrimonial: «Lo vuestro no es amor, Paco; es inercia empujada por la culpa y el miedo», le espetó. Y esas palabras empezaron a quebrar el enorme iceberg de la culpa de Paco.

Ahora sabía que debía dar el paso. Pero seguía sintiendo que actuaba *mal.* Se sentía atrapado en una norma que debía seguir, pero que le hundía.

¿Qué podía hacer?

...

LAS NORMAS INMORALES impiden la llave del juicio.

...

¿QUÉ ENTENDEMOS POR NORMA INMORAL?

Todas las personas tenemos un código moral. Si lo piensas, seguro que tú también tienes un conjunto de normas que no cuestionas. Y utilizas –todos lo hacemos– esas normas para juzgar lo que está bien y lo que está mal. Alguien se salta la cola del cine, y piensas que eso no debe hacerse. Pero hay otras personas que, aunque no lo creas, no opinan así. Hay quien piensa que si el que se ha saltado la cola no ha sido pillado por nadie, ha sido listo, y que el mundo es de los avispados.

Fíjate en que tu norma, «está mal colarse», para otro es «el mundo es de los listos».

Lo correcto y lo incorrecto de tus actos tiene un peso en tus decisiones y, por ende, en tu libertad vital. Porque, a menos que no tengas conciencia, vas a tratar de seguir tus normas. Y te vas a sentir bien cuando las cumplas. Y te vas a sentir mal cuando no lo hagas. El código moral por el que te riges determina parte de tu libertad vital y va a actuar como un barómetro de tu satisfacción personal, un elemento clave de la autoestima y del autoconcepto.

Lo de saltarse la cola es bastante banal, de acuerdo, pero ¿qué sucede con el caso de Paco? Paco cree que divorciarse está mal. Va contra el código moral que ha heredado y ha hecho suyo. Y el tema no es si la norma es correcta o no. El tema es si Paco es capaz de sostener esa norma y, en caso de sostenerla, cuánta infelicidad le produce.

Por tanto, el asunto no es que te cuestiones tu código moral, sino que te plantees si parte de ese código moral te hace infeliz o impide tu libertad vital.

El conjunto de normas por las que te riges se puede haber originado de muchas formas: a través de la religión (si has sido educado en un credo determinado), de las tradiciones o, sencillamente, de las corrientes sociales. De todas ellas, las que más van cambiando son las corrientes sociales. Hay cosas que estaban mal vistas y que, al cabo de un tiempo, pasan a ser aceptables e incluso loables. Y las que menos cambian son las normas religiosas.

¿Qué normas establecidas en determinadas comunidades, regiones o países son inmorales? ¿Acaso los autores que firman este libro se consideran investidos de la autoridad para establecer qué norma de una sociedad determinada es inmoral y cuál no lo es?

Hay algunos límites fáciles de establecer. Por ejemplo,

«no matar» está dentro de los principios éticos a los que aspira cualquier sociedad y que perfectamente podría formar parte del derecho natural. Por supuesto, la consideramos una norma moral. Robar, violar, golpear, vejar, acosar, maltratar... Todas ellas son acciones punibles y reprochables.

Nosotros no pretendemos aquí establecer cátedra sobre qué es moral o inmoral para ti. Comer cerdo, beber alcohol, no ceder un asiento en el autobús, disfrazar la realidad o incluso engrosar tu currículum en una entrevista de trabajo, tener una aventura amorosa..., ¿es correcto o incorrecto? ¿Está bien o está mal? ¿Es moral o es inmoral? En algunas sociedades es normal tener varias mujeres y en otras se considera adulterio. ¿Cómo vamos a decir nosotros aquí lo que está bien o lo que está mal?

No podemos, pero lo que sí haremos es ayudarte a establecer un límite que determine qué puedes considerar inmoral. Nos atrevemos a decir que «una norma inmoral es aquella que atenta contra tu dignidad». Eso no admite debate.

Y, por lo que respecta al prójimo, diremos que una norma impuesta es también inmoral cuando atenta contra los derechos o las dignidades de los demás. Así pues, quien quiera puede rasgarse las vestiduras, pero nosotros consideramos que matar, robar, engañar en pro del propio beneficio, no respetar al otro, maltratar..., puede considerarse inmoral. Pero todo lo que no atente contra la dignidad y los derechos humanos, la verdad, debería ser permitido o, cuando menos, no denostado por nadie.

Tú mismo debes establecer tus propios límites. Necesitas tu propia llave del juicio moral.

Las normas inmorales no solo hacen referencia a actos determinados. Abarcan también máximas sobre cómo vivir. Una norma inmoral puede ser esta simple frase: «Ganarás el pan con el sudor de tu frente». Si abrazas este principio, puedes adquirir la creencia de que trabajo es igual a sufrimiento y no ser capaz de perseguir el disfrute en la forma de ganarte la vida. Qué curioso que *trabajo* tenga su origen en la palabra latina *tripalium* (*tri-palium*, los «tres palos» con los que se torturaba a los esclavos); que *negocio* sea un acrónimo de «negación del ocio»; y que una de las posibles acepciones de *empresa* provenga de «estar preso». Los juicios morales condicionan el lenguaje y, en consecuencia, el color de la realidad.

Las personas tenemos una gran necesidad de control y de poder sobre nuestros congéneres, así que desde antaño se utilizaron las leyes, las tradiciones, las normas sociales o las religiones para controlar innumerables aspectos de la vida de las personas, de sus actitudes y sus valores respecto al trabajo, al descanso, al ocio o a la forma de relacionarse. Se ha hecho de las normas un gran almanaque, cuando lo cierto es que los preceptos de cualquier persona o sociedad deberían caber en un simple párrafo.

Todos los códigos morales, sea por vía escrita o hablada, fueron creados en algún momento de la historia por otras personas, seres humanos como tú o como nosotros. Eran hombres o mujeres, seres mortales, terrenales. Seres humanos con todo el derecho del mundo a disertar, proponer o establecer pautas que podían ser beneficiosas para una sociedad, para su progreso o su salud. Pero que cualquier miembro de esa sociedad debería haber podido también, con el mismo derecho, cuestionar o rechazar.

Pero la historia de las civilizaciones nos ha mostrado todo lo contrario. Sean quemados en la hoguera, ahorcados, apedreados vivos, desterrados, excomulgados o sometidos a cualquier otro medio creativo de humillación o tortura, los hombres han demostrado que no están dispuestos a que alguien cuestione las normas aceptadas por la mayoría, aunque sean inmorales. Se ha excomulgado a seres humanos por afirmar que la Tierra gira alrededor del Sol, se les ha quemado vivos por afirmar que la sangre circulaba dentro del cuerpo; por tantas y tantas barbaridades que aún resulta difícil creer que llegue un momento en que todas las sociedades de este mundo acepten la diversidad, el derecho a no creer en la norma impuesta, ya que las únicas normas morales de este mundo se puedan contar con los dedos de una mano.

Apuntala pues esta premisa en tu mente: todo cuanto ha acontecido en la Tierra en relación con los hombres, de los hombres ha surgido.

El código ético y moral de cada uno es algo que todos debemos respetar. Pero una cosa es que respetes lo que otro cree que es correcto y otra muy distinta es que te impongan lo que está bien o está mal y, en consecuencia, te exijan como imperativo cuasi legal reglas y normas que no tienes por qué aceptar. Eso es otro cantar.

El problema y el conflicto no residen en la norma. Hay muchos a los que seguir todas las normas les hace felices, les da una pauta, una estructura, paz, sosiego y perdón. Perfecto. Nada que objetar.

La pregunta que debes hacerte es si tus sentimientos, impulsos, inclinaciones, deseos y naturaleza te han impedido seguir una norma determinada que, en caso de no cumplir, no habría supuesto ningún daño a los demás. Y, sin embargo, tuviste que contenerte, privarte o esconderte.

Distinto a las falsas creencias abordadas en otro capítulo de este libro, aquí nos encontramos ante tu aceptación sin miras de una norma cuya moralidad no está probada y que puede atentar contra tus propios valores y tu escala de prioridades.

Por ejemplo, el matrimonio es para toda la vida; o comer carne de cerdo te lleva al infierno; o la homosexualidad es pecado mortal; o para trabajar hay que sufrir; o lo lógico, si tienes pareja, es tener hijos; o más de veinte años de diferencia entre dos personas no son buenos; o masturbarse es un acto de egoísmo y un pecado; o no llevar corbata en una boda es tener poco decoro... Y así podríamos seguir indefinidamente con cientos y cientos de normas, desde banales a inmorales.

Una norma inmoral atenta contra la libertad del espíritu de quien está obligado a profesarla. Una norma inmoral, por ejemplo, es considerar que el placer es pecado y, en consecuencia, que mereces ser castigado si disfrutas. Una norma inmoral es, por poner otro ejemplo, penalizar el derecho a la libertad de un sujeto porque se considera que determinados compromisos adquiridos son irrenunciables. No podemos exigir a una persona un compromiso de por vida con nadie, ni siquiera con sus hijos, una vez que estos sean mayores de edad. Ni con sus padres.

En algunas castas de la India, son los padres los que deciden con quién se casan sus hijos. Recientemente, se publicó en un diario español una entrevista a unas universitarias que defendían tal tradición. Afirmaban que confiaban en sus padres y en su criterio, y que el amor que debían dar a su futuro marido o mujer –aquellos que sus padres determinasen– vendría después, se construiría entre los cónyuges del matrimonio acordado previamente por los progenitores. Nada que objetar si los hijos están de acuerdo. Pero si a alguna joven india no le parece así, que se respete y que no se la margine, vilipendie, rechace o deforme de por vida su cara con ácido sulfúrico por casarse con quien ama y de quien está enamorada. O, en caso de haberse casado con alguien decidido por sus padres, que se acepte con la misma naturalidad, o más, que sus padres puedan haber elegido mal o que, sencillamente, él o ella no supieron amarse o desearse, cosa que sucede incluso en matrimonios celebrados libremente.

Así que, seamos claros, la llave del juicio consiste en aceptar que ninguna norma de este mundo tiene por qué ser correcta o incorrecta. Lo que sí es seguro que existe es un derecho natural, una moral. Esta se ha construido desde un principio muy simple: todo lo que no atente contra la dignidad del prójimo debería ser permitido, entendiendo la dignidad no como un conjunto de normas o creencias, sino como el conjunto de derechos naturales que el ser humano posee.

El orden moral tiene una dimensión social, por supuesto. Pero una cosa es el orden moral en todas sus manifestaciones y otra distinta es que «un cierto orden moral atente contra tu dignidad».

• • •

Una norma inmoral es UNA NORMA QUE ATENTA CONTRA TU DIGNIDAD.

• • •

EL PELIGRO DE RENUNCIAR A LAS NECESIDADES Y A LOS DESEOS PERSONALES

Como ser humano, tienes una necesidad: vivir en sociedad, pertenecer a un grupo. Excepto un eremita, todos aspiramos a tener un grupo de pertenencia, una cultura a la que adscribirnos, una tradición de la que sentirnos herederos, un grupo en el que reconocernos, una sociedad de la que sentirnos orgullosos. El escritor Elliot Aronson publicó en 1972 un clásico de la psicología social del individuo con un título que lo dice todo: *El animal social.*[3] Así es. Somos animales sociales con una psicología no solo propia e individual, sino también grupal. El economista Adam Smith lo expresó en términos más prácticos en su

3 Madrid, Alianza, 2000 (8.ª ed.).

célebre obra *La riqueza de las naciones*,[4] que asienta los cimientos de la economía moderna: el hombre tiene una tendencia natural al intercambio.

En definitiva, tú también necesitas pertenecer porque necesitas relacionarte, sea para socializar, sea para procrear, comerciar o cualquier otra forma de conveniencia.

El problema aparece cuando la norma inmoral es una cualidad esencial del grupo de pertenencia al que no puedes renunciar. Llámese a este grupo de pertenencia tu región, tus amigos, tu familia, tu clase social, tus vecinos o tu pueblo.

En tales casos, el grupo determina que una norma o una tradición son parte intrínseca de la propia identidad. Y se acaba equiparando la razón de ser del grupo con la de la norma.

Al haber equiparado la norma o tradición al grupo, resultará que cuando no la observes, se considerará que estás negando la identidad grupal. En otras palabras, eres una amenaza.

Por ejemplo, si un elemento que define a una determinada sociedad es la monogamia, el bígamo pone en evidencia una cualidad social y, por ende, al grupo y su identidad.

En realidad, esto no es así, pero así es como se vive. La prueba es que las mujeres pueden votar y tener cuentas corrientes en Europa, los homosexuales pueden casarse en

4 Son numerosas las ediciones de esta obra clásica. Una de las últimas, en Madrid, Alianza, 2011.

muchos países y no por ello las sociedades a las que pertenecían han desaparecido. Ahí siguen Europa y los otros países enteros. Con su resto de normas y tradiciones, las que todavía perduran.

Pero en el inconsciente colectivo, la identidad social sigue pensando así. Debes tener presente que, para los miembros de una sociedad, su principal activo es el conjunto de estos cuatro elementos: tradiciones, lengua, cultura y territorio. Y cuando cualquiera de los cuatro se ven cuestionados, se vivirá como una gran amenaza contra algo totalmente etéreo y conceptual: el pueblo.

Podría entenderse si habláramos del territorio, pero para tradiciones y cultura no tiene sentido. Aun así, cuando, como miembro de la comunidad, cuestiones una norma, por inmoral que esta sea, tu comunidad sentirá que toda ella está siendo cuestionada.

Así que violar, denunciar o tan solo cuestionar una norma inmoral llevará implícita la amenaza de tu expulsión del grupo (familia, amigos, entorno social), de castigo, de penalización, de condena y, por lo tanto, de dolor emocional, moral y espiritual. Este es el argumento de un sinnúmero de películas u obras teatrales: *Grease*, *Romeo y Julieta*, la recientemente laureada película de animación *Klaus*... En todas ellas, dos facciones, dos familias o dos mitades de un pueblo mantienen una norma y tradición: odiar a la contraparte. Casi todos los argumentos de este género de ficción consisten en que uno de los miembros de un clan se enamora de un miembro del otro. Sacrilegio. Se han violado la norma y la tradición básicas del grupo, que se definen, en este caso, por oposición al enemigo.

Y podrías preguntar: «¿Por qué debo luchar contra las normas establecidas? Si forman parte de la herencia de mi pueblo, ¿no tendrán sentido? ¿Acaso nuestros mayores aprendieron de sus mayores en vano? ¿O acaso no eran sabios quienes sobrevivieron a las dificultades de sus tiempos e hicieron posible nuestro presente? ¿No debo respeto a la comunidad que me acogió?».

Pues sí y no. Porque sin los valientes luchadores que se alzaron contra algunas las injusticias del mundo –la marginación racial, el odio al pueblo vecino, la prohibición de la homosexualidad, los derechos de los menores, de los trabajadores, de las mujeres– y defendieron el desarrollo de las libertades individuales, seguiríamos bajo el feudalismo más férreo.

¿Por qué surgieron todos esos héroes sociales? Pues porque entendían que las normas contra las que se alzaron pisaban la dignidad del ser humano e impedían el desarrollo y la felicidad plenos de las personas.

Del mismo modo, aunque a pequeña escala, si alguna norma o tradición atenta contra tus anhelos naturales (siempre que esos deseos no atenten contra la libertad de otras personas), tu felicidad y tu autorrealización quedarán limitadas y, por extensión, tu libertad vital.

Una norma inmoral es una condena sin juicio. Lo curioso es que esa condena la pueden emitir otros o te la puedes imponer tú mismo. El precio de tal condena es vivir con vergüenza, humillación y sentimiento de culpa:

«No soy capaz de cumplir la *ley* social. Hago o pienso cosas que están *mal.* Soy inadecuado. Soy indigno. Soy *malo*».

Pero lo peor no es eso, lo peor es la pena que te autoimpones. Y esa pena o castigo se llama *autoboicot*. Vivirás sintiéndote incapaz de lo que, aparentemente, para el resto de la comunidad es fácil de cumplir. «Los demás cumplen la norma, pero yo no lo consigo... Y merezco ser castigado por ello».

Los dos autores pertenecemos a una generación educada en normas férreas, algunas de corte religioso. Hemos tenido que redefinir y rechazar muchas normas, como muchas personas de nuestra edad, y aceptar que muchas normas que nos vendieron como «morales» entrañaban renunciar a necesidades totalmente legítimas como seres humanos.

En lo que se refiere a libertades básicas: derecho al trabajo, a votar, a no ser un esclavo..., hay pocas dudas cuando una norma es injusta. Pero no es tan obvio cuando nos referimos a aspectos que atañen a las relaciones personales: el respeto obligado a los padres (¿y si te maltrataban?); la prohibición de abandonar a tu esposa (¿y si la felicidad te es imposible?); la atracción por personas del mismo sexo (¿qué hay de malo en ella?); el derecho al culto fuera de las normas impuestas por la Iglesia (¿por qué un divorciado no puede comulgar?); el disfrute con la propia sexualidad (¿qué hay de malo en la masturbación?); el hacer del trabajo un placer (¿por qué el trabajo ha de entrañar sufrimiento?). Y tantas otras cosas.

Como tú también eres un animal social y necesitas al grupo como el agua que bebes, en un inicio lucharás contra tus propios deseos e impulsos. En sociedades retrógradas, donde la norma o la tradición prohíben las relaciones entre personas del mismo sexo, un homosexual se sentirá enfermo, pecador o sucio, un «desviado», como se decía incluso en la España de la dictadura. Un hombre casado que no era capaz de amar a su mujer «hasta que la muerte los separen» se podía llegar a considerar a sí mismo infiel, mujeriego y egoísta si se sentía atraído por otra mujer, y adúltero si llegaba a amarla.

Muchísimas personas han sufrido, y siguen sufriendo, por estar obligadas a acatar normas que atentan contra sus deseos y necesidades más esenciales, que son totalmente dignos por cuanto emergen de la condición humana.

¿Es este tu caso?

Si así es, hasta que no aceptes que puedes rebelarte contra la norma, inconscientemente te rodearás –con tal de solicitar su ayuda y perdón– de los talibanes del sistema, los factótums de la *città,* los valedores o quienes ostentan el cetro, formal o informal, de la administración de la norma moral. Ellos serán los verdugos de esa pena autoinfligida. Te querrán hacer ver que estás equivocado, que lo que sientes y experimentas está prohibido, es malo o peligroso. Recordamos a una amiga que nos explicó cómo su padre montó en cólera cuando, con treinta años, decidió dejar un empleo seguro en un banco, que era para toda la vida, por un trabajo en una pequeña empresa donde iba a hacer lo que realmente deseaba. Su padre le dijo, literalmente: «Esto que estás haciendo es intolerable. ¡Con el empleo que tienes! –le reprochó–. Parece que no lo valores. El paso que vas a dar está mal y es una falta de respeto a la educación que te di y a las posibilidades que te hemos brindado tus padres en la vida».

Lex dura, sed lex, decían los romanos. «La ley es dura, pero es la ley». En términos jurídicos, desde luego. Pero en el plano moral, todavía más. Tengámoslo claro, tu grupo (amigos, familia o comunidad) cree que prevalece sobre ti. Aquí, en Alaska y en las islas Feroe.

• • •

La norma inmoral INHIBE NECESIDADES NATURALES Y DESEOS LEGÍTIMOS.

• • •

NO TE CULPABILICES POR NO RESPETAR NORMAS INMORALES

Una de las principales causas de la infelicidad y del sufrimiento es la incoherencia entre estos tres elementos:

- Lo que uno piensa.
- Lo que uno dice.
- Lo que uno hace.

Si piensas una cosa y afirmas la contraria, vives en contradicción.

Si afirmas una cosa, pero haces la contraria, vives en contradicción.

Puedes incluso creer algo, pensar que es lo moralmente correcto, y no actuar en consecuencia, porque, sin saberlo, estás abrazando una norma que no vas a ser capaz de respetar.

Y así, en todas sus combinaciones, los desajustes entre tu pensamiento, tu palabra y tu acción causan una contradicción interna y, por ende, tu sufrimiento.

Esta incoherencia está presente en varios puntos de este libro, porque las siete inhibiciones que se plantearán en los siete capítulos producen, en mayor o menor medida, una desalineación o desajuste entre palabra, acción y pensamiento en el interior de una persona.

Uno de nosotros dos, Fernando, pasó hace cinco años un cáncer del cual pudo curarse con quimioterapia. No creemos en lo esotérico, pero estamos convencidos de que la enfermedad provino de un sufrimiento interior, debido a una incoherencia interna. Había que dar un paso difícil en la vida que iba contra lo que siempre se nos había dicho que era correcto. Lo que Fernando pensaba estaba desajustado con lo que sentía. Y estamos convencidos, a menudo lo hemos comentado los dos, que fue la causa de la enfermedad. Al final, todo se arregló adquiriendo la llave del juicio y entendiendo que el código moral asumido estaba en conflicto con la propia esencia personal.

De las inhibiciones cuya superación da el acceso a las siete llaves, probablemente sean las normas inmorales las que más estragos causan en la incoherencia personal. La lucha interior aparece cuando uno se ve incapaz de mantener una norma o tradición por miedo al rechazo social, que es uno de los más temidos escarnios. Y cuando decimos *escarnio social* no nos referimos al de los conocidos o vecinos, sino a los miembros de tu clan, de tu propia familia: el rechazo de tus hermanos, de tus hijos o de tus padres. De los que amas y de los que te aman. Ese rechazo es el más temido y, también, el más doloroso.

Toda persona siente determinados impulsos o deseos, y resulta que algunos de ellos, siendo legítimos e inofensivos, están, simplemente, prohibidos. La falta de aceptación de algo tan legítimo como es la homosexualidad, por ejemplo, convertirá esa incapacidad ajena en arrepentimiento propio. Es alucinante. Uno se arrepiente de lo que el otro es incapaz de aceptar.

La desalineación, la falta de coherencia y la contradicción interna pueden producir una gran aflicción en ti: te sentirás indigno de quienes te aman porque no eres capaz de mantenerte fiel a sus principios. Así pensamos.

¡Vaya estupidez!

Pero así viven millones de personas todavía hoy en día.

Y nosotros preguntamos: ¿es eso, entonces, amor de los demás por ti? Es decir, si tu afiliación a las normas sociales y a las tradiciones de tu familia o seres queridos son condición indispensable para ser amados y queridos por ellos, ¿qué tipo de amor o afecto sienten en realidad por ti? ¿Es amor un amor condicionado a que tú creas lo que ellos creen o a que vivas respetando los patrones y las pautas conforme a los que ellos han decidido vivir? A quién aman más, ¿a ti o a su dogma?

Y, visto desde el lado opuesto: si no atentas contra la dignidad ni derechos de otros, pero no vives conforme a lo que ellos creen o piensan, ¿significa que no los respetas o no los amas? Pero ¿qué tiene que ver una cosa con la otra? Vivir conforme a tu juicio, sin dañar a los demás, ¿es un atentado contra su vida? Obviamente, no.

Es muy difícil renunciar a los deseos más profundos y dignos que sientes. Y eso explica que haya sacerdotes que se hayan enamorado, personas que hicieron voto de matrimonio para siempre que han roto su relación, o personas del mismo sexo que se han amado a pesar de toda la oposición y de la persecución hallada.

En cierta ocasión, durante una conversación sobre el sentido de la vida, una persona con la que charlábamos nos dijo que el sentido de la vida es vivirla. Así es. No vives para llegar a un paraíso que nadie ha visto. Vives para vivir hoy, aquí y ahora.

Vives para vivir, para realizar tus deseos y satisfacer las necesidades humanas que te hacen digno de ti mismo y no atentan contra nadie.

Para eso vives.

Y si intentas vivir sin tales deseos y necesidades, es posible que acabes enfermo, trastornado o desquiciado.

Antes de enfermar, es fácil que incurras en lo que se ha dado en llamar una vida oculta o doble vida, que los demás tildarán de doble moral.

Será doble porque no es pública, porque la has explicado.

Pero para quien debe vivir a escondidas sus deseos es, en realidad, una sola moral, una sola vida. La doble vida es la otra, la impuesta, la que se mantiene como apariencia social.

Otra de las manifestaciones es la puesta en marcha de compensaciones de toda índole con tal de satisfacer, aunque sea momentáneamente y de forma esporádica, lo que precisas y no puedes obtener. Cuando no eres capaz de decir NO al dogma o a la norma que en verdad no profesas, deberás, forzosamente, compensar el atentado que contra ti mismo haces; deberás, por así decirlo, indemnizarte a ti mismo, y puede que lo hagas en forma de adicción. ¿Por qué en forma de adicción? Porque deberás obtener por vías artificiales y alternativas lo que no eres capaz de exigir u obtener por vías naturales y voluntarias. Como esa situación es insostenible, la recurrencia y la dependencia estarán servidas.

Las principales adicciones del ser humano son modos de rellenar vacíos. El alcoholismo, las drogas, la adicción a la prostitución, la infidelidad, la mentira, la gula y muchos de los pecados capitales son, en realidad, pecados contra la propia dignidad. No son ofensas a un dios –ni siquiera a quienes nos rodean, aunque les cause dolor–, sino ofensas a ti mismo. Como no eres capaz de enfrentarte a los demás por respeto a sus principios, incurres en prácticas que atentan contra ti mismo y que te conducen a una mayor infelicidad.

El problema no es el acto concreto derivado de una imposibilidad en sí. El problema es atentar contra tus verdaderos deseos.

La felicidad no admite mentiras. No admite compensaciones. La felicidad es tan simple, tan sencilla, tan descarnada que solo exige una cosa: coherencia. Sentir, pensar, decir y hacer conforme a una sola creencia. Pero eso que parece tan sencillo es muy difícil para algunos: requiere enfrentarte a quienes no piensan o creen como tú, y ponerles, además, un espejo enfrente: «No pienso como tú, y tal vez tú no sientas ni hagas lo que dices que piensas».

Una norma inmoral lleva implícita la amenaza de la condena, del castigo, de la penalización, del dolor. Y con dolor no puede haber felicidad. Con dolor físico, emocional y moral no se puede vivir la plenitud. En consecuencia, una norma inmoral que anule uno de tus más profundos deseos mata tu felicidad e impide tu realización, porque es un atentado directo a tu dignidad, a tu construcción como sujeto, a la manifestación de tu singularidad, a tu libertad de ser y hacer.

Es, en toda regla, una perversión.

Si las falsas creencias te llevan a vivir en una falsa realidad (véase el capítulo anterior), las normas inmorales te sentencian y condenan sin juicio a pagar una pena que no mereces por una falta que no has cometido y que ni tan siquiera tiene la naturaleza de falta.

En resumen, la manifestación del conflicto personal ante una norma inmoral se produce en estos frentes: en el pensamiento («soy culpable»); en la emoción (vergüenza, apatía, frustración y rabia); y en la acción (mentiras o adicciones).

La posición existencial resultante de todo ello es: «Yo estoy mal. Y, además, el culpable de ese sentimiento negativo soy yo, porque soy incapaz de respetar la *ley*».

• • •

La norma inmoral se manifiesta EN CULPABILIDAD.

• • •

CÓMO ANULAR UNA NORMA INMORAL

Casi toda mentira emana de una incapacidad para exponer a los demás los deseos o necesidades que sientes.

El escondite de las pulsiones persigue proteger la aceptación social. Así que la forma de solucionar todos los desajustes que pueda producir la norma inmoral en ti es muy simple: exponer a tu entorno cómo piensas y cuáles son tus necesidades.

La única forma es asumir tu propia libertad de juicio y adoptar exclusivamente las normas que no colisionan con tu esencia. Debes interiorizar que las normas son convenciones que tratan, en la mayoría de los casos, de conservar tradiciones y sistemas de poder, pero que esas normas o mecanismos fueron siempre definidos por los propios hombres y en otras épocas.

Esa liberación solo es posible desde una redefinición del marco de referencia de tus valores. No se trata de mandar a paseo las tradiciones ni de hacerse una moral a medida. Se trata de vivir de forma coherente sin hacer daño a nadie.

Se trata de decir «no» a una norma que no hace daño a nadie más que a ti mismo. En realidad, lo que vas a cuestionar es la legitimidad del «legislador». La norma la puso alguien en otra época, respondiendo a otras necesidades y realidades históricas, en un nivel de desarrollo de libertades incompleto y del que todavía eres heredero.

Pero para cuestionar códigos morales de lo que está bien o está mal, debes primero, y antes que nada, aceptarte a ti mismo sin tapujos, sin ambages, sin miramientos. «Soy así. Esta es mi naturaleza. Esta es mi limitación. Este es mi deseo. Esta es mi pulsión.» Se trata, simple y llanamente, de exponerlo abiertamente, pedir que te respeten y darte el permiso de vivir conforme a ello.

Aceptarte a ti mismo es un gran ejercicio de valentía cuando esta aceptación acarrea enfrentarse a quienes te rodean. Pero el problema lo tienen los otros. No tú, que quede claro.

Permítenos introducir un concepto. El concepto de *antivalor*. Dado que los valores pueden entenderse como ideales (lo que quieres llegar a ser, aquello a lo que aspiras, y son un horizonte) y también como prácticas, hábitos (tus comportamientos manifiestan tus valores), podríamos, por tanto, afirmar que las normas inmorales, por cuanto limitan aspiraciones y hábitos legítimos, son antivalores.

Entendidos como antivalores, decirles «no» es más sencillo de defender ante los demás y ante ti mismo. No cuestionas una norma, rechazas un antivalor.

Te recomendamos reflexionar y tomar consciencia de qué aporta a tu vida el antivalor y qué le quita. Y, a la inversa, proyectar mentalmente qué aportará a tu vida liberarte del antivalor y optar por el valor. Si el antivalor es el sacrificio ciego, el valor sería la calibración lúcida del sentido del sacrificio. La mejor manera de destruir una norma inmoral, un antivalor, es experimentar y evaluar su opuesto y calibrar los efectos positivos y negativos que te aportan uno y otro.

Es preciso valorar si esta transformación es realmente necesaria para ti y para los que se verán afectados por tu cambio de comportamiento.

...

La norma inmoral se anula ACEPTANDO TU CONDICIÓN NATURAL.

...

TIENES DERECHO A ESTABLECER TUS PROPIAS NORMAS SI NO ATENTAN CONTRA NADIE

Cuando lo hagas, pueden producirse tres consecuencias.

La primera, una «mala conciencia» o duda de estar construyendo una moral propia o hecha a tu medida. Creerás que actúas desde el ego, desde el egoísmo, desde unas normas creadas para satisfacer tus propias necesidades y prioridades. Eso producirá una gran inseguridad y miedo. También grandes dudas. Llevas toda la vida sin cuestionar lo que está *bien* y lo que está *mal*.

En realidad, es una trampa de tu propia mente. Como estás cuestionando valores inculcados desde niño y que has presenciado, testimoniado y vivido en primera persona, tu mente te acusará, no a base de cuestionar las nuevas normas, sino poniendo en duda tu legitimidad para establecerlas. Te dirás: «Tú no puedes ser legislador de la norma, porque las normas vienen de los poderosos, de los superiores, de los padres o de los administradores del orden social».

Fijémonos en lo perverso de la mente humana. Dado que objetivamente las «nuevas» normas son más morales y naturales que las que estás cuestionando, los mecanismos de resistencia actuarán sobre tu autoridad moral. Cuestionarán y tratarán de matar al mensajero, a ti, pero no al mensaje. La verdad y tu deseo son indiscutibles, así que a tu mente solo le queda desautorizar la fuente. Te dirás a ti mismo: «No tienes derecho a decidir lo que está bien y lo que está mal».

Superar una norma inmoral no requiere un ejercicio de egolatría, sino de dignidad, de ubicar tu naturaleza humana en el sitio que merece.

El segundo efecto es el sentimiento de estar atentando contra un orden superior.

Nosotros no abogamos aquí por nada concreto, simplemente defendemos el ejercicio y la defensa de la satisfacción de necesidades que no atenten contra nadie. Cuando adquiriste la condición humana, lo hiciste con todos sus deseos y necesidades. La virtud no está en la naturaleza de tus deseos, sino en su aplicación práctica, en cómo administras esos deseos. Si tus necesidades, deseos o apetencias te producen felicidad y realización sin anular a nadie en el camino, ¿qué tienen de malo? ¿Por qué alguien tiene que vilipendiarlos? Cuestionando una norma que consideras contraria a tu dignidad no atentas contra un orden superior, solo contra una norma creada por hombres que interpretan el bien y el mal, o lo correcto y lo incorrecto, basándose en unas circunstancias históricas, sumadas al ejercicio de su propia imaginación. Tengamos presente, además, que perfectamente podríamos definir *norma inmoral* como algo que en algún momento dejará de ser norma. En el mundo, a medida que la educación y la ética avanzan, las normas inmorales van paulatinamente desapareciendo. En algunas sociedades avanzadas, el contenido de este capítulo sonará a chino (en los países nórdicos, por ejemplo). En otras sociedades todavía retrógradas y conservadoras, este capítulo será uno de los más importantes limitadores de libertad.

El tercer efecto es el rechazo de tu comunidad. Te vendrán a decir algo así como: «Todos vivimos conforme a un credo y unas prácticas determinadas, y tú, a quien amamos, las infringes. No mereces nuestra aceptación, porque cuestionas cómo pensamos». En fin, hemos expuesto ya esta cuestión.

La respuesta a quien eso exponga es sencilla: «Yo no cuestiono cómo vives tú. Sencillamente, escojo cómo quiero vivir yo. ¿Me quieres y me aceptas como soy?».

Si con ello no estás pisando la dignidad del otro, el problema es del otro. No tuyo.

Hemos introducido antes el *efecto espejo*. Pensemos que el conflicto al que te enfrentas (si estás en esta tesitura) lo viven muchos otros a tu alrededor en silencio. No eres el único. Lo que pasa es que pocos dan los pasos necesarios. Así que, en realidad, detrás del rechazo social de algunos se esconde el miedo a aceptar lo que temen de sí mismos.

Los dos autores de este libro hemos pasado por sendas separaciones matrimoniales. Muchos amigos, al dar el paso, nos han confesado ser infelices en su matrimonio y que por miedo al qué dirán de una separación, recurren a infidelidades de toda índole, amantes, prostitutas, lugares de sexo compartido... Si estas soluciones no les crean mala conciencia, cada uno es libre de desahogarse del modo en que prefiera, excepto que deberían, por lo menos, explicar a sus parejas que, si lo desean, tienen el derecho de hacer lo mismo.

Es un problema de conciencia de lo que estamos hablando.

El sexo fuera del matrimonio no es algo que denunciar aquí si la persona con la que hemos establecido una promesa y un compromiso está debidamente informada. Como eso es imposible en la mayoría de los casos, las personas caen en la mentira. Si la mentira y el engaño no producen infelicidad en una persona, tal vez esta no necesite separarse. Y tampoco debe revisar su código moral. Pero debe ser consciente de dos cosas: una, de que ese comportamiento no está causando un perjuicio a su relación. Y, dos, que, si es descubierta, la otra persona tendrá todo el derecho del mundo a enfadarse y sentirse engañada.

Ese es el espejo. El espejo consiste en mostrar a través

de ti a otras personas la imagen que de sí mismas no quieren ver. Es mostrarles y hacerles patente que la mejor opción posible en la vida es la verdad y la coherencia, y, a la vez, evidenciar que ellas no son capaces de afrontar esa verdad ni de vivir en coherencia consigo mismas.

Hay un concepto en psicología denominado *secretos de familia*.

En todas las familias hay secretos. Verdades ocultas que nadie se atreve a verbalizar y que se trasladan de generación en generación a través de la duda y del conflicto. Son innumerables las personas que, tras tratar de permanecer fieles a las normas de sus padres y abuelos, siendo infelices en su matrimonio, descubren, un día, que sus antecesores no podían mantenerse fieles a sus propios valores e hicieron sufrir a sus cónyuges mediante amantes o engaños. Pero todos callaban. Secreto de familia. No afrontar verdades o no enfrentarse a incoherencias en el seno de una familia es trasladar un mensaje envenenado a los hijos: «Seguid viviendo en la mentira y sosteniendo la ocultación». Por detrás, se practica lo contrario y eso, aunque no se explicite, queda latente. El mensaje implícito es: «Hijos míos, la norma y la obligación van por delante de vuestra dignidad, coherencia y verdad». Esos descendientes, el día de mañana, tratarán de reproducir un patrón que ni siquiera su propia estirpe podía mantener. Vidas de cartón piedra, mentiras, engaños, autoengaños, falsedad e impostura para aparentar ante los demás ejemplaridad. Y, de paso, se critica a los que sí dan el paso de enfrentarse a la norma.

Pero, claro, el rechazo de la comunidad y de quienes

nos rodean proviene a menudo de las propias incapacidades para lidiar de una forma ordenada con los propios conflictos. Así que lo más fácil es condenar, vilipendiar y apartar al disidente. En realidad, solo es una forma más de disimulo. Apariencia social.

En otros casos no será así. Puede que algunos de los miembros de tu círculo o de tus antecesores sean o hayan sido felices en la norma y no sientan conflicto alguno, ni vivan en la mentira. En tal caso, solo observarán una disparidad de criterios contigo. Has decidido pensar distinto, tener tu propio sistema de normas, tu propio criterio de lo que es correcto o incorrecto. Pero si están en paz consigo mismos, lo respetarán y te ayudarán en lo que haga falta.

En cambio, cuanto más rechazo sientas de alguien concreto, mayor es la probabilidad de que esa persona tenga un conflicto interno que no se atreve a afrontar. Tu valentía evidenciará, en su interior, su cobardía. Así que sé indulgente con quienes más te aparten y condenen. Probablemente, son los que más ayuda precisan.

. . .

Al liberarte de una norma inmoral, los demás TE CONDENARÁN EN JUICIO SUMARÍSIMO.

. . .

Muchas normas e incluso tradiciones seculares se anclan en una supuesta generosidad que no siempre es cierta. El cumplimiento de las normas se ha asociado a la bondad. Si cumples los preceptos, eres buen vecino, buen ciudadano; si actúas como tus padres, eres un buen hijo; si eres como el resto de la familia, eres un buen hermano.

Si observar las normas sociales aceptadas te convierte en buena persona, que baje Dios y lo vea. No se lo cree nadie. Pues, del mismo modo, que nadie te acuse de egoísta por pensar y actuar conforme a tu propio juicio.

Tienes el derecho a establecer cuáles son las normas que rigen tus actos, así como a establecer tu propio código moral, decidiendo qué está bien y qué está mal. Eso no es egoísmo. El egoísmo no tiene nada que ver con tener tu propio código normativo, sino con la falta de respeto a las libertades de los demás. Un código moral propio te obliga (o libera) solo a ti mismo. Pertenece al ámbito de tu esfera privada, no define tu cualidad de buena o mala persona. Tu bondad no es una cuestión de adhesiones a un código moral u otro, sino tu cualidad de pasar por esta vida tratando de comprender, de no estorbar y, eventualmente, de ayudar sin invadir.

...

Renunciar a una norma inmoral no es egoísmo, PORQUE NO OBLIGA A NADIE MÁS QUE A TI MISMO.

...

LOS DEMÁS NO TIENEN DERECHO A INVADIR TU INTIMIDAD

Si vas a dar el paso de apartarte de normas inmorales con las que llevas años a cuestas, es preciso hacerlo demostrando mucho respeto a quienes te rodean y que sí las consideran (y las van a seguir considerando) oportunas. No debes confundir el que deseches ciertas normas con el hecho de que los demás no tengan derecho a acogerlas. Lo que para ti es inmoral, para otros puede que no lo sea.

Aquí, conviene, sin embargo, hacer una distinción.

Una cosa es un derecho inalienable y otra cosa es una opción personal. Estar a favor de la esclavitud no es una opción. Estar en contra de las relaciones abiertas, por poner un ejemplo, sí es una opción. Hay gente que las considera inapropiadas e incorrectas, y otras personas creen que no hay ningún problema en ellas. Una cosa son las opciones personales, y otra, las normas universales.

El proceso de cambio de tu rechazo a una norma inmoral dependerá de quiénes sean los afectados. Conocemos varios casos de hombres o mujeres que se casaron con una persona del otro sexo y, más adelante, hubieron de reconocer su homosexualidad por no poder seguir luchando contra ello. En ambos casos, había hijos. Comunicar a un hijo una separación es siempre difícil, y el duelo también lo es. Imaginemos hacerle saber, además, de la homosexualidad de su padre o madre. Según el círculo educativo y familiar, puede ser algo complicado de asimilar para hijos y familiares.

Ahora supongamos el caso de un matrimonio que, sin hijos, decide separarse, sin más. Si su entorno es muy conservador o tradicional, puede igualmente suponer un rechazo de padres o hermanos, pero la situación es más fácil de gestionar que en el caso anterior.

Por lo tanto, aquí no hay reglas fijas. Tu necesidad de protección y cautela en el proceso de cambio va a depender de cuáles sean tus decisiones y comportamientos resultantes, las acciones que se deriven de ese «no» a una norma inmoral y de las personas afectadas.

Requieres sensibilidad, tiempo y, especialmente, administrar muy bien la información que proporcionarás a cada persona. Del mismo modo que tienes derecho a tu dignidad, también tienes derecho a tu intimidad. No es preciso ni explicar ni pormenorizar todas las decisiones, los conflictos o las luchas internas que has experimentado. Ni las vicisitudes por las que has pasado. Cada uno puede mantener en el ámbito de su esfera privada aquello que considere oportuno. Y los demás no tienen derecho a preguntar ni a franquear la puerta de tus secretos o de tu intimidad. La forma de vida escogida o abandonada, los actos adquiridos o rechazados, tus preferencias, tu sexualidad o tus valores pertenecen a tu esfera privada y, aunque vivas en sociedad, eso no te obliga a airear tu intimidad.

Hay algo que puede ayudarte mucho en este proceso de cambio. Y es establecer muy claramente que, haya o no damnificados, no estás haciendo el mal. Estás tratando de luchar por tu coherencia interna. Nadie puede pedirte que no seas coherente.

Los autores siempre hemos pensado que con la verdad puede irse a todas partes. La mentira tiene patas cortas, dice el refranero popular. Cuando expresas tu voluntad con respeto y sin hacer daño a los demás, podrán estar o no de acuerdo contigo, pero lo que nadie puede hacer es enfadarse contigo o rechazarte.

El derecho a disentir es inherente a la libertad. Y la libertad es el primer derecho de todo individuo. Por supuesto, eso incluye la libertad de juicio.

. . .

Tener tu propio código moral requiere DEMOSTRAR QUE NO SE ESTÁ HACIENDO EL MAL.

. . .

LIBÉRATE Y DI ADIÓS A LOS DOGMAS

La liberación de una norma inmoral te proporcionará la llave del juicio, porque al independizarte de lo que habías considerado casi dogmas, te liberarás de la culpa y de la penitencia autoimpuesta e impuesta durante tantos años por pensar distinto.

Hemos explicado que lo inmoral es un antivalor. De este modo, al emanciparte de algo inmoral entras en un nuevo universo de valores positivos, porque lo inmoral es, en realidad, un valor negativo, es decir, una pérdida.

Pongamos el ejemplo de la frase «ganarás el pan con el sudor de tu frente» que hemos recogido al inicio del capítulo. Supongamos que permaneces atado a un trabajo que no aporta sentido a tu vida y te hace infeliz. Pero has sido educado en ese antivalor y te sientes culpable por no estar agradecido de tener un trabajo. Si decides liberarte de este principio y encuentras otro trabajo que te guste, adquirirás un nuevo valor: puedes prosperar sin dejarte la vida en ello y ser, además, feliz, haciendo tu trabajo vocacional. Liberarte de las normas inmorales es escapar de un castigo inmerecido.

Otra característica que adquirirás es el humanismo más profundo, así como, aunque parezca una contradicción, un acercamiento a lo trascendental realizado desde lo humano, desde la honestidad, desde la aceptación, desde la verdad contigo mismo y no desde el dogma.

Liberarte de una norma inmoral es como salir de una cárcel a la que fuiste enviado debido a un error judicial. Es recuperar la libertad de ser y de hacer sin culpa ni castigo a través de la libertad de dogma y de creencia, que, a su vez, abre las puertas de la tolerancia y de la aceptación. No hay ya penitencia. No has de sufrir más. Bastante nos hace sufrir la vida para añadir el sufrimiento de normas y tradiciones sobre lo que está bien o está mal, y que atentan contra tu propia naturaleza.

...

El no a una norma inmoral te abre la puerta a... LA LIBERTAD DE JUICIO.

...

CLAVES PARA LOGRAR LA LLAVE DEL JUICIO

Te proponemos un simple ejercicio:

1. Haz un listado de las normas inmorales que sientes que te restan libertad de ser y de hacer. A continuación, piensa por qué consideras que estas normas no pueden seguir siendo sostenidas por ti.
2. Identifica si en esa lucha se han producido compensaciones o alteraciones de tu conducta que se hayan traducido en mentiras. Evalúa los motivos por los que continúas pensando que debes seguir vinculado a esa norma. Si entre esos motivos hay otras personas implicadas, que son la razón que te sustenta para seguir sujeto a una norma que te hace infeliz, razona qué tipo de compromiso estableciste. Piensa si tienes miedo de decepcionar a personas que (aparentemente) fueron fieles a esas normas y que esperan de ti que también lo seas. Valora después si tal compromiso puede ser cancelado y cuál es la forma más justa, delicada y generosa de hacerlo.

3. Finalmente, visualiza lo peor que te puede suceder cuando lleves a cabo tu decisión y anota qué información adicional sobre tu modo de actuar resultante vas a querer o no querer compartir.

4. Pregúntate:

   – ¿Quién definió estas normas?
   – ¿Por qué? ¿Qué se buscaba solucionar en aquel momento de la historia? ¿Persisten esos mismos problemas hoy?
   – ¿Por qué la sociedad cree que esto es lo correcto?
   – ¿Atento contra otras personas si actúo contra esta norma o solo atento contra los dogmas ajenos?
   – ¿A quién perjudico rechazando estas normas y tradiciones?
   – ¿Por qué los que me rodean van a tener dificultades en aceptar mi libertad? ¿Se van a sentir amenazados?
   – ¿Estoy defraudando a una persona o sus expectativas sobre mí?

LA LLAVE DEL JUICIO EN DIEZ MÁXIMAS

Las normas inmorales impiden la llave del juicio.

* * *

Una norma inmoral es una norma que atenta contra tu dignidad.

* * *

La norma inmoral inhibe necesidades naturales y deseos legítimos.

* * *

La norma inmoral se manifiesta en culpabilidad.

* * *

La norma inmoral se anula aceptando tu condición natural.

* * *

Al liberarte de una norma inmoral, los demás
te condenarán en juicio sumarísimo.

* * *

Renunciar a una norma inmoral no es egoísmo,
porque no obliga a nadie más que a ti mismo.

* * *

Tener tu propio código moral requiere demostrar
que no se está haciendo el mal.

* * *

El no a una norma inmoral te abre la puerta a...
la llave del juicio.

...

**Di no a tus normas inmorales y
CONQUISTA LA LLAVE DEL JUICIO.**

...

CAPÍTULO 3

LA LLAVE DEL LOGRO

TERCERA CELDA

El rey se dio cuenta de que Ibrahim estaba desorientado. Trató de hablar más despacio, para dar tiempo a que el reo retuviese todos los detalles de la narración.

***

El hombre avanza por el pasillo oscuro hasta la tercera de las celdas. En el interior hay un hombre que, sentado en su camastro, niega con la cabeza y repite para sí:

–No habría sido capaz, es mejor así. Habría resultado un desastre. Ahora estaría peor, mucho peor. Hiciste bien, hiciste bien, no te lo plantees más.

El habitante del palacio lo interrumpe:

–Eh, buen hombre, ¿puedo hablar contigo un momento?

El prisionero de la tercera celda se pone en pie:

–Verás. Sé que los ocupantes de estas mazmorras no habéis hecho mal alguno. El primero asegura que las llaves ya no existen; la prisionera de la celda contigua, por su parte, afirma que sí existe, pero que estáis aquí por mandato de una norma.

–No es ese mi caso –responde–. La llave existe y ninguna norma me obliga a permanecer en esta mazmorra. Pero aquí me

siento seguro. Tengo miedo de salir al exterior. Creo que no sería capaz de sobrevivir fuera. Así que prefiero lo malo conocido que lo bueno por conocer. Yo pedí que me encerrasen.

–¿Por qué?

–Pues porque, de esta forma, ya no tengo que sufrir pensando si lo intento o no lo intento. Sé que habría fracasado. La vida fuera de aquí puede ser mejor, pero también un gran peligro. Después de todo, aquí estoy a salvo.

–Escucha, si me ayudas a encontrar tu llave, yo te ayudaré a salir adelante y a aprender a vivir fuera de aquí. Verás como eres capaz.

El prisionero de la mazmorra se lo queda mirando. Un destello de luz asoma a sus ojos, pero enseguida se apagan de nuevo:

–Bueno, encuentra la llave y lo pensaré.

–¿Sabes dónde debo buscar?

–Te he dicho cuanto sé –responde.

Y, acto seguido, se sienta y vuelve a hablar para sí mismo, diciendo:

–No habría sido capaz, es mejor así. Habría resultado un desastre. Ahora estaría peor, mucho peor. Hiciste bien, hiciste bien, no te lo plantees más.

Y el habitante del palacio decide avanzar por la tenebrosa galería, pensando que encontrar el escondite de las llaves va a ser imposible.

* * *

Y el rey añadió:

–Eso es todo por lo que respecta a la tercera celda. ¿Quieres seguir, Ibrahim, o deseas anotar alguna cosa?

Ibrahim negó con la cabeza:

–Sigamos, majestad.

ESCLAVOS DE MIEDOS INFUNDADOS

Cuando Jaime vio a Rosa por primera vez, los dos tenían trece años. Fue en 1975. Ella trabajaba en la pastelería familiar ubicada en la misma calle donde Jaime vivía, ayudando a dispensar tartas y pasteles los fines de semana. Fue un flechazo adolescente total. Incluso su padre le preguntó qué le pasaba. Al ver a Rosa se puso rojo como un tomate. Él se avergonzó de que el rubor desvelara su embelesamiento y Rosa se rio.

Desde entonces hasta los dieciséis, cualquier excusa era buena para ir los sábados o los domingos a buscar el postre familiar a la pastelería de Rosa. Las infancias de antes no eran lo que son, y las adolescencias, tampoco. Y Jaime nunca encontró el modo de citarse con Rosa ni de expresarle la atracción que sentía por ella. La timidez y el miedo a un posible rechazo le vencieron. Ella era demasiado bella para él.

Un día, ya casi con diecisiete años, vio a Rosa bajar de un escúter conducido por un chico que le pareció que tendría, por lo menos, veinte años. Ese día desistió. Se acabaron las tartas de fin de semana de la pastelería de Rosa.

Pasaron los años. Jaime se enamoró a los dieciocho, no funcionó. Luego a los veinticuatro, tampoco resultó. Se marchó a vivir a Londres cuando acabó la carrera y estuvo allí hasta los treinta. Tuvo algunas aventuras amorosas, pero nada que cuajara. A los treinta regresó a su ciudad. El mismo fin de semana del regreso, sus padres, ya jubilados, le invitaron a comer.

«¡Trae postre, hijo!», le pidió su madre.

Recordó a Rosa y el corazón se le disparó. Habían pasado casi quince años, pero la imagen de aquella chica le aceleraba todavía el corazón. Salió de casa y quiso el destino que la pastelería siguiera abierta. Entró.

Y allí la encontró, bella y dulce como la recordaba, pero ya hecha una mujer. Con ella, una preciosa niña de cinco años que correteaba por el local que conservaba su olor a *brioche* y cruasán.

«Casada, con una hija y preciosa como siempre», pensó Jaime.

Nada más entrar, Rosa le reconoció, y esa vez la que pareció sonrojarse fue ella.

—¿Recuerdas quién soy? —preguntó Jaime.

—Sí, venías cada fin de semana a por postre —dijo Rosa.

Y comenzaron a hablar como si lo hubieran venido haciendo los últimos catorce años, en una comodidad íntima y amable. Se relataron sus vidas mientras Rosa bajaba la persiana del local porque era hora de cerrar al mediodía. Aprovechando que no había nadie más en la tienda, la conversación se alargó con un té de por medio.

«Mamá, llegaré tarde a comer; esperadme para el postre», dijo Jaime a su madre en una breve llamada.

Rosa le contó que había sido madre, pero se había separado hacía un año. Tenía la custodia de la niña. Él, ahora sí, la invitó a cenar. En la cena le confesó su enamoramiento de infancia y adolescencia. Cuál fue su sorpresa cuando Rosa le confesó lo mismo. Se moría de ganas de conocerle más. El uno por el otro, la casa sin barrer. La timidez –que es el miedo a no ser aceptado– hizo de las suyas. ¿Serían capaces hoy?

La historia de Rosa y Jaime tiene un lugar común. Su capacidad de logro estuvo condicionada, mermada por el miedo.

Tu capacidad de logro incluye tu capacidad de asumir riesgos, de probar, de equivocarte, de cometer errores, de fracasar, de ensayar y de descubrir.

¿Cuál es el grillete de esta capacidad?

. . .

LOS MIEDOS INFUNDADOS
impiden la llave del logro.

. . .

¿QUÉ ENTENDEMOS POR MIEDO INFUNDADO?

Según el *Diccionario de la lengua española*, de la Real Academia Española, el *miedo* es «la angustia por un riesgo o daño real o imaginario». Fijémonos que el propio diccionario introduce dos tipos de riesgos y daños: los que de verdad existen y... ¡los que te imaginas!

Pues a cada riesgo le corresponde un tipo de miedo de la misma naturaleza. Al riesgo real, le corresponde un miedo fundado. Y al riesgo imaginario, le corresponde un miedo infundado.

Así pues, ya tenemos definido el miedo infundado. Es el temor a un riesgo o daño imaginario. Tal cual. Miedo a algo que imaginas, pero que no es real.

Detengámonos unos instantes en estas dos tipologías de miedo.

Los *miedos fundados* –también denominados *miedos con objeto*– son aquellos que provienen de tu instinto de supervivencia. El miedo tenía y tiene una función protectora. Es el mecanismo simpático de tu sistema nervioso que envía la señal desde tu cerebro a los músculos para tensionarlos y proceder a una huida rápida o a defenderte ante una amenaza que se cierne sobre ti.

Por tanto, es totalmente normal que experimentes miedo de una amenaza real. Sin embargo, en la vida personal y profesional diaria, gran parte de los miedos a los que te enfrentas son *miedos sin objeto* o *miedos infundados* o, cuando menos, ampliados y deformados.

Según el psicólogo Giorgio Nardone, existen tantos miedos infundados o sin objeto como puedas inventar. De hecho, en la sociedad moderna están apareciendo innumerables miedos que anteriormente no existían: miedo a los espacios abiertos, miedo al contacto social, miedo a las palomas...

Por otro lado, el mundo global, hiperconectado, de la posverdad y de los bulos que se difunden a través de las redes sociales, la amenaza latente del terrorismo global, de las enfermedades infecciosas o de una nueva recesión económica producen en muchas personas, y puede que también en ti, un incremento de miedos infundados. Tal vez con una base real, pero ampliados y deformados, a veces, de una forma desorbitada.

Un miedo sin objeto, desbocado, deviene en lo que se denomina fobia, pero en este libro no nos queremos ocupar tanto de las fobias o de los miedos que requieren tratamiento o intervención psicológica por parte de un profesional, sino más bien de los miedos que pueden inhibir tu realización personal o profesional sin llegar necesariamente a lo patológico.

Hay una parte de los miedos infundados que produce la sociedad. Pero hay otros instalados en el fondo de tus creencias, de tu forma de percibir el mundo y que suelen tener un componente heredado, esto es, traspasado por personas a las que has dado argumento de autoridad por su influencia en ti.

Estos últimos son precisamente los que inhiben tu libertad personal, profesional y relacional, los que impiden que puedas vivir con plenitud.

Por ejemplo, si tus padres tienen miedo a la penuria y te han machacado con el refrán «más vale pájaro en mano que ciento volando» o «más vale malo conocido que bueno por conocer», te están dando el mensaje de doble fondo de que no te arriesgues, de que te conformes, de que no aspires a cambiar, a mejorar o a crecer, de que lo que tienes ya es suficiente. Ese que era SU miedo se convierte, en cucharadas de cotidianidad, en TU miedo, y puede actuar a lo largo de toda tu vida, desencadenando tu inhibición existencial.

La madre de uno de nosotros, de Fernando, pasó una

situación parecida. En la posguerra vivó dificultades y tanto ella como sus siete hermanos hubieron de ponerse a trabajar desde muy jóvenes para sacar adelante a la familia. Cuando Fernando le manifestó, con dieciséis años, que quería dedicarse a la música, se asustó mucho. Le pidió que estudiase una carrera que le asegurara un mayor porvenir y ese sueño de artista quedó aparcado. Hoy en día, Fernando, y también Álex, nos ganamos la vida escribiendo. No solo libros como este, también novelas y guiones. Fernando ha escrito y producido teatro, ha dirigido cine y dedica la mitad de su vida al arte. A los dieciséis años se interrumpió un deseo vital por un miedo trasladado: «Con el arte, pasarás hambre» fue la verdad no demostrada que se tornó en falsa creencia. Liberarse de esa falsa creencia le ha llevado años. El destino siempre llama a tu puerta. Fernando estudió empresariales, es economista, pero dedica la mitad de su tiempo a actividades artísticas.

Ten presente que el miedo a perder te hace perder. Hay miedos calibrados y hay miedos no calibrados, que crecen y se convierten en un auténtico devorador existencial. Hay miedos basados en el principio de realidad que son prudentes, y hay miedos heredados que están fuera de la realidad del aquí y del ahora.

Conclusión: los miedos infundados o sin objeto que más limitan tu libertad vital son heredados y te los han trasladado cargados, muchas veces, de «buenas intenciones».

Todos los miedos infundados tienen un rasgo común: provienen de una percepción distorsionada de la realidad.

Una atrofia en la valoración y percepción del mundo que te rodea, de sus peligros, de sus consecuencias.

Alguien dirá: «Sí, pero me afecta. Me produce tanto bloqueo o tanta angustia un león suelto delante de mí como pensar que me pueda quedar sin dinero algún día. Si siento lo mismo ante una amenaza real y otra imaginaria..., ¿qué quieres que haga?».

Te entendemos. El problema no está en tu fisiología. No tienes un problema de transmisión neuronal de emociones. Lo que sientes y experimentas ante un miedo infundado es una reacción lógica y sana a un estímulo erróneo. El error está en el estímulo, no en tu reacción. El problema no es lo que sientes, sino cómo decodificas la realidad para convertir algo inofensivo en amenazante. Es como cuando te dan un susto para gastarte una broma. El respingo y la aceleración del corazón son reales, pero la amenaza no lo es. Quien te da un susto, te engaña. Pero el susto te lo llevas igual. Del mismo modo, el miedo infundado produce en ti las mismas consecuencias que el miedo producido por un riesgo real. Pero que se te acelere el corazón o te entre sudor frío no convierte el estímulo en verdadero.

El escritor de la fabulosa y laureada novela *El perfume*, Patrick Süskind, escribió una fascinante novela breve titulada *La paloma*, mucho menos conocida. Narra la historia de un hombre que, en el momento de salir de su domicilio, encuentra que hay una simple e inofensiva paloma en el rellano de su escalera. El protagonista siente un primer temor que, a lo largo de la novela, se irá acrecentando, hasta convertir a la pequeña paloma en una amenaza terrible que le impedirá salir de su domicilio, proyectando en aquella asustadiza ave urbana todas sus pesadillas, miedos y pavores.

Los miedos infundados son, si los tienes, reacciones naturales ante peligros o consecuencias distorsionadas.

...

Las palabras claves de un miedo infundado son «PELIGROS O CONSECUENCIAS DISTORSIONADAS».

...

EL PELIGRO DE EXAGERAR LOS RIESGOS Y LAS AMENAZAS

Las consecuencias en tu vida de un miedo infundado son tremendas, porque actuará introduciendo un sesgo en tus percepciones y, en consecuencia, será un gran inhibidor de tus oportunidades, de posibles cambios, de tus posibilidades. El miedo impide e imposibilita tus intentos, tus ensayos.

Muchos objetivos en la vida requieren probar, intentar, experimentar. El miedo es el principal enemigo de algo tan inocuo como es atreverte y probar y, en el límite, lograr. Porque para lograr has que probar. Y para probar has de atreverte. Y para atreverte, el miedo ha de ser el justo.

El miedo genera tres posibles reacciones: huida, ataque o bloqueo. El miedo sano te salva de una amenaza real, pero el miedo subjetivo y sin objeto inhibe los mecanismos de «ensayo y error», tu ganancia de experiencia, tu aprendizaje empírico, tu emprendimiento, tu cambio y tu transformación. Si bien el miedo objetivo te salva de la muerte, el miedo subjetivo puede matarte en vida. Así es: el miedo sin objeto todo lo mata.

El miedo ha sido el causante de que muchas personas, a lo largo de su vida, no hayan intentado montar un negocio propio, o hayan renunciado a su auténtica vocación, o a vivir en otro país o ciudad, o a cambiar de actividad profesional o de empresa. El peso que hayas otorgado a los miedos infundados a lo largo de tu vida será el causante de que –cuando ya anciano y en el ocaso de tu existencia mires atrás– te arrepientas de todo lo que no has intentado y podías haber probado. La causa de ese arrepentimiento habrá sido un miedo infundado. Muchas personas explican que, al final de su existencia, se dan cuenta de que muchos temores que sintieron años atrás, vistos en perspectiva con el paso del tiempo, estuvieron totalmente sobredimensionados.[5]

En realidad, si lo piensas detenidamente, el miedo es tratar de anular lo que en última instancia te hace libre: la incertidumbre. Sin tu incertidumbre no existiría tu libertad. Escribió el escritor y pensador Jorge Wagensberg: «La felicidad requiere que el futuro sea incierto».

Digamos, pues, que el miedo es tu deseo de negar la incertidumbre. Pero si tratas de eliminar la incertidumbre,

5 Es el caso de la escritora Elisabeth Kübler-Ross en *La muerte: un amanecer*, Barcelona, Luciérnaga, 2014.

estás matando de paso tu voluntad y, en el límite, boicoteando tu propia libertad.

Otra cosa distinta es el resultado obtenido. Pensar que el sentido de tus esfuerzos lo determina el resultado es un gran error. Lo que da sentido a lo que haces es el proceso en sí. Tu búsqueda, tu empresa, tu persecución del logro. Tu consecución es otra cosa. Más importante que la realización de tus anhelos es lo que tus anhelos propician en tu vida para que, tratando de alcanzarlos, te realices.

Por supuesto que quieres obtener el éxito, conseguir lo que te propongas. ¿Quién no? Y eso es parte del motor de las ilusiones. Pero intentar o arriesgarte es otra cosa distinta. Responde a las preguntas: «¿Es esto lo que quiero hacer? ¿Es esto o que deseo? ¿Es esto lo que me hace ilusión? ¿Es esto lo que tiene sentido? ¿Es esto lo que me hace crecer y aprender?».

La debilidad de las personas tiene su origen en solo dos causas últimas: el miedo y el deseo. De hecho, miedo y deseo son dos caras de una misma moneda. Si quieres experimentar un deseo, actúa. Si, por el contrario, lo que quieres es no tener miedo, negarás a través de falsas verdades y percepciones distorsionadas, y así no te hará falta actuar. De hecho, la negación de toda posibilidad te producirá un resultado tremendamente eficaz y rentable: lograrás anular tu incertidumbre. Sí, pero de paso anulas todo el espacio a la oportunidad y entregas la responsabilidad de tu vida al azar.

El interés en abolir la incertidumbre te va a llevar a no tener ninguna intención ni ganas de evaluar las posibilidades de éxito de cualquier empresa. Se producirá entonces en ti un interesante y sorprendente efecto. La percepción deformada de los riesgos dará lugar, en primera instancia, a la aparición de un miedo. Ese miedo va a ampliar y distorsionar más tu percepción del riesgo, acrecentando, a su vez, tus temores. Ya lo dice la frase: «El miedo alimenta al miedo».

Es un círculo vicioso que se retroalimenta: 1) la percepción distorsionada hace aparecer un primer miedo; 2) ese primer miedo te produce más distorsión en la evaluación y calificación de tus riesgos; 3) esa ampliación de la distorsión acrecienta tu miedo inicial; 4) se produce más miedo y una nueva atrofia en tu valoración de la realidad. Y así sucesivamente hasta que una simple acción te puede llevar al bloqueo y a percibir como una hecatombe un riesgo o una consecuencia que para otra persona sería un contratiempo fácilmente solucionable.

Un miedo subjetivo es, en definitiva, la reacción a una amenaza imaginaria que te inhibe, te paraliza y te bloquea, eliminando el sentido de tu propio intento y haciendo que te abandones al destino.

...

El miedo infundado INHIBE LA CORRECTA EVALUACIÓN DE RIESGOS Y POSIBILIDADES.

...

NO TE EXTRAÑES SI EL MIEDO TE BLOQUEA

En general, el miedo sin objeto o infundado presenta unos síntomas y reacciones muy similares al miedo con objeto o fundado.

Un primer síntoma que puedes notar, a veces, es la reacción fisiológica: palpitaciones, sudor, mente en blanco, bloqueo.

Pero los miedos infundados que inhiben tu realización personal suelen presentar otros síntomas. Uno de ellos es el rechazo para abordar la cuestión que percibes como amenazante. Tienes miedo a algo, así que rechazas el tema. Te niegas a hablarlo, a sopesarlo, a abordarlo.

Imagina que tu pareja te plantea ir a vivir al extranjero por un tiempo. Tú vives ese intento y esa experiencia vital como una gran amenaza cargada de grandes riesgos y consecuencias catastróficas. Imaginas y temes lo peor: no te adaptarás, no harás amigos, te sentirás solo, afectará a tu relación, acabarás separándote, perderás tu trabajo actual, te fundirás los ahorros...

Tu pareja tiene una percepción radicalmente distinta, y frente al «no me adaptaré», ella piensa: «Descubriré experiencias y formas de vivir distintas, abriendo mi mente». Frente al «no haré amigos», opone: «Descubriré cómo es la amistad en otros lugares y puede que conozca a personas con las que mantenga un lazo de amistad incluso cuando vuelva a mi país, abriéndose la posibilidad de que al cabo de los años ellos me visiten de vez en cuando y yo los visite también». Frente al «me sentiré solo», tu pareja contrapone: «Nos necesitaremos y apoyaremos tanto que nos uniremos todavía más, afianzando nuestra relación». Y así sucesivamente.

¿Qué sucederá cuando esta conversación tenga lugar? Que no durará ni dos minutos. Porque, si sientes miedo, no vas a dar crédito a ninguno de los argumentos que te dé. Todavía te hará sentir más temor y preferirás no hablar del tema. Por eso, cuando en el seno de una pareja, matrimonio o familia se plantea una posible decisión que asusta a uno de los miembros, los debates en torno a la cuestión no suelen celebrarse. El que siente miedo los boicotea. Sale de la habitación, se va a llamar por teléfono o pide hablarlo en otro momento. Es el denominado *mecanismo de huida*.

Tus miedos pueden acabar teniendo consecuencias mucho peores. Insomnio, nerviosismo, ansiedad..., que degeneran en adicciones. En su manifestación somática, puedes terminar con ataques de angustia y requerir ayuda externa.

...

El miedo infundado se manifiesta EN BLOQUEO, INACCIÓN, INMOVILISMO O ENFERMEDAD.

...

CÓMO ANULAR UN MIEDO INFUNDADO

La reducción del miedo no es sencilla, porque decir simplemente NO al miedo no te servirá. Recuerda que los miedos infundados tienen un origen psicológico que emana de tus percepciones distorsionadas.

Así que la solución va a pasar forzosa y necesariamente por el reajuste de tus percepciones.

Es como si te dan unas lentes mal graduadas. Ves la realidad de forma distorsionada. O retiras las lentes de la distorsión y te colocas las lentes adecuadas o, por mucho que te aseguren que no tienes nada que temer, seguirás teniendo miedo de lo que «ves». Tienes que trabajar sobre «lo que crees que ves» con tal de acabar modificando «lo que sientes».

Para ello, van a hacer falta tres cosas: racionalización, información y comunicación. O una de las tres o una combinación de estas.

Sin duda, la mejor de ellas es la comunicación: habla con personas experimentadas o que hayan pasado por una situación similar a la tuya. Ello te permitirá ir calibrando lo fundado o infundado de tus temores. La comunicación, hacer aflorar con la voz aquello que bulle en tu cerebro, es el mejor de los métodos para reducir tu ansiedad. El mero hecho de verte obligado a verbalizar un riesgo determinado ya permite darte cuenta de hasta qué punto era objetivo o fruto de una entelequia. Ahora bien, esta conversación requiere por tu parte una predisposición al cambio, una voluntad de corregir tus percepciones. De lo contrario, de poco servirá.

El miedo es muy traicionero y, aunque te proporcionen informaciones fiables que demuestren lo contrario, tu miedo, anclado en lo más profundo de tus creencias nucleares, hará que tu mente busque excepciones, diferencias y motivos que justifiquen que lo que el otro te demuestra, en tu caso particular, no aplica exactamente igual. Te será siempre fácil encontrar argumentos para matar al mensajero.

En estos casos, si ves que te estás haciendo trampas al solitario, si ves que todo lo que te dicen lo niegas, es recomendable que lo anotes antes de negarlo. Escríbelo, no lo confíes únicamente a tu mente consciente y a tu memoria, porque el inconsciente trabajará en silencio para que lo olvides. Más adelante, al tenerlo escrito y leerlo en voz alta, tu mente consciente, poco a poco, irá ganándole la batalla a las excusas y a los peros de tu inconsciente.

La información no elimina tus miedos *per se*, pero te va a ayudar a situarlos en su verdadera medida. Parte de las técnicas empleadas por las compañías aéreas que ofrecen cursos a personas con miedo a volar consiste en proporcionar datos reales sobre los bajísimos índices de accidentalidad aérea comparados con otros medios de transporte, sobre la cantidad de componentes críticos del avión que están duplicados o triplicados, sobre los modernos sistemas de seguridad, etcétera. Cuanta más información, menos miedo y, por tanto, más objetividad.

Tuvimos la ocasión de coincidir con un astronauta profesional en activo en la NASA que también participaba de ponente en un congreso de gestión del talento. Estuvimos charlando a solas y una de las cosas que le preguntamos era si en sus paseos espaciales tenía miedo en el momento del despegue del cohete. Sentado en vertical, con miles de litros de combustible ardiendo en la base del cohete, rodeado de un ruido ensordecedor..., ¿quién no va a tener miedo? El astronauta no era una persona en absoluto pretenciosa ni engreída, sino todo lo contrario: afable, accesible y cordial. Su respuesta fue totalmente sincera. Nos preguntó: «Miedo..., ¿de qué? ¿Puedes concretar?».

Quedamos desarmados y fuera de juego, dejándonos como unos paletos en materia de aeronáutica (que es lo que somos), porque realmente no supimos qué contestar. Fijémonos en la inteligencia de la respuesta: ante una pregunta basada en un miedo subjetivo, nos respondió con otra pregunta que nos obligaba a concretar de forma objetiva los riesgos reales existentes en el lanzamiento de un cohete moderno. Ahí demostró que nuestra pregunta y nuestro miedo partían del desconocimiento.

Sin duda, ese astronauta profesional había visualizado miles de veces aquel despegue; había sido instruido, informado, y había compartido y estudiado con decenas de técnicos los verdaderos riesgos hasta conocerlos para situarlos en su justa medida; disponía de información precisa y sabía en cada segundo lo que debía ir ocurriendo. Todo estaba previsto y ensayado. Era un protocolo, un mero protocolo. Así que, aun reconociendo que había un riesgo, aquel astronauta nos dijo que no había nada que temer..., mientras no haya nada que temer. Lo cual es bien diferente.

Para que nos entendamos: ¿tienes miedo cuando vas en coche? ¿Verdad que no? Ahora bien, si el coche empieza a salirse de la carretera, sí que sentirás miedo. Mientras que eso no ocurra, estás temiendo lo que no ha sucedido ni tiene por qué suceder. Las personas que sienten miedo en el coche sufren por algo que es altamente improbable que suceda. Así funciona la desinformación.

Otra gran técnica es la visualización. Visualizar es un ejercicio que te dará unos resultados extraordinarios y que muy pocas personas realizan, porque lo consideran una pérdida de tiempo.

Visualizar consiste en tomarte un tiempo para relajarte y, con los ojos cerrados, imaginar vívidamente la situación a la que estás pensando enfrentarte y que tanto temes, recrearla mentalmente como si fuera cierta, reproducirla en tu imaginación como una experiencia real, oliendo, sintiendo y tocando, como si de una vivencia real se tratase.

Volvamos al ejemplo anterior, en el que tu pareja quiere irse al extranjero y tú tienes miedo. En lugar de rehuir la conversación, cierra los ojos e imagina precisamente lo que temes, que te cuesta adaptarte al nuevo país. Ahora pregúntate: «¿Qué haré para solucionarlo?». Imagina que, por ejemplo, te apuntas a un club de lectura, pues eres un ávido lector. Ahí conoces a personas con inquietudes parecidas. Imagina después que contactas con comunidades de extranjeros que llevan tiempo en el país al que estás pensando ir a vivir y que ayudan a otros recién llegados a adaptarse. Luego, figúrate que estás pasando dificultades para encontrar trabajo. Ponte entonces a visualizar cómo contactas con empresas de tu país de origen que tienen una sede en tu país de destino. O bien con empresas exportadoras que buscan profesionales que, como tú, hablen tu idioma nativo.

Con este ejercicio tomarás consciencia de que cuando aparece la dificultad, sigues vivo, dispones de soluciones posibles y de alternativas. Tienes tus propios talentos y capacidades. Podrás hacer cosas en caso de que surja u ocurra lo que tanto temes.

Esta técnica no pretende causarte ansiedad, sino precisamente lo contrario: reducirla. A base de reiterar una situación que todavía no se ha producido, la mayoría de los riesgos infundados dejan de preocuparte y solo van quedando los riesgos con objeto, los reales. Pero incluso estos últimos te causan menos temor, porque ya has ido pensando, imaginando, cómo actuar si lo peor llega a sucederte.

Y no solo eso. Durante un ejercicio de visualización, la aparición de un problema es el punto de arranque de otra experiencia gratificante. En nuestro ejemplo, gracias a que no tenías amigos en el nuevo país, has imaginado cómo descubres un club de lectura. Durante la visualización de las actividades del club, disfrutas imaginándolo. Paradójicamente, durante el ejercicio de visualización la respuesta a un riesgo que te bloquea te acaba produciendo... ¡placer!

Otra gran ayuda es distinguir entre *probabilidad* y *posibilidad*. Esto es algo que nos enseñó nuestro amigo, el autor, además de gran psicólogo, Tomás Navarro.

Es *posible* tener un accidente de avión, pero es tremendamente *improbable*. Muchos de tus temores infundados surgen de esta confusión. Conviertes en probable lo improbable solo porque es posible. ¡Qué error tan grande! Las probabilidades son eso: únicamente probabilidades.

Hay un último elemento que es importante. Debes estar dispuesto a perder. A que algo salga mal y a asumir los costes del intento. Y en esa contabilización de costes, cuanto más pese la alegría de haber probado algo que deseabas, mejor. Debes tener presente que los seres humanos estamos eternamente insatisfechos y que, en realidad, nos hacen más felices los momentos en que perseguimos un sueño que el efímero momento en que lo hacemos realidad. Ese momento es muy gratificante, por supuesto, pero dura muy poco.

En uno de los libros de los autores que escribimos estas líneas, había un cuento que ilustraba esta cuestión. Se titula «La felicidad» y trata sobre un hombre que visitó a un mago que poseía el secreto de la felicidad. El mago le entregó una brújula convencional de la que había borrado la «N» de norte y había puesto en su lugar una «F» de felicidad, y le dijo que el aparato señalaba el lugar exacto en el que se encontraba la felicidad. No tenía más que seguir el camino que indicaba la flecha. Total, que el hombre se puso a caminar rumbo a la felicidad durante días y semanas. A pesar de lo duro del camino y del frío de los últimos tramos por el hielo, fue el viaje más feliz de cuantos había realizado el hombre. No había día en que no se levantara alegre y orgulloso de lo que estaba haciendo. Y el solo hecho de sostener en su mano la brújula que indicaba el camino hacia la felicidad y estar en su rumbo lo hacía dichoso. Pero cuando llegó al punto exacto del Polo Norte, la aguja hizo lo que hacen las brújulas cuando llegan al norte: se vuelven como locas y empiezan a girar en una y otra dirección, y a dar vueltas sobre sí mismas, sin ton ni son. El hombre no entendía nada. Si se alejaba de ese punto en el que la aguja estaba perdida, esta volvía a señalar esa misma dirección. Era absurdo: la aguja señalaba un punto al que no se podía llegar. Y entonces se dio cuenta de lo que el mago le había querido enseñar. Que la felicidad consiste únicamente en saberse en el camino hacia la dicha. Porque la felicidad es un punto hacia el que se va, pero al que no se llega.

Tomemos nota. Aunque el viajero no hubiese logrado llegar al Polo Norte, igualmente, el placer y la felicidad del intento ya no se los iba a arrebatar nadie. Estar dispuesto a perder no significa que vayas a otorgar todo tu esfuerzo al fracaso, sino que vas a situar en tus activos todo lo que has aprendido, vivido y experimentado durante el proceso. Hay una frase que a los autores nos gusta recordar: «A veces, se tiene éxito; otras, se aprende». Esa es la idea. Lo aprendido es parte de lo ganado, incluso perdiendo.

Cuando hagas balance final de algo en la vida, no anotes solo el resultado final conseguido, sino también todo lo experimentado y aprendido durante el proceso que te llevó al «fracaso».

. . .

El miedo infundado se anula
CON INFORMACIÓN Y VISUALIZACIÓN.

. . .

MIEDOS, LOS JUSTOS

¿Qué puede pasar cuando derrumbes tus miedos infundados y adoptes la llave del logro? Las reacciones externas que vas a experimentar van a ser de dos tipos, dependiendo de cómo se posicionen otras personas respecto al paso que quieres dar. Por un lado, los que comparten ese miedo del que te estás desembarazando. Y, por otro, los que no lo comparten. Las reacciones no tienen nada que ver.

Vamos con las primeras.

Quienes también perciben ese miedo que sentías, lógicamente, no desean que des ese paso, así que con el fin de «protegerte» (y de no quedar en evidencia por no haberse atrevido a hacer lo que tú sí has decidido intentar), van a tratar de acrecentar tus miedos y temores. Quizá también tratarán de disuadirte porque les da miedo que fracases en el intento y ese «fracaso» te haga sufrir. Lo que deberán entender es que eso no te preocupa tanto. Estás dispuesto a perder en el intento. A esas personas lo mejor que puedes decirles es que lo tienes claro, sopesado y decidido. Y que, si la cosa sale mal, pues asumirás plenamente y de forma adulta las consecuencias.

Te advertimos de que compartir la información objetiva que has obtenido y la correcta evaluación de riesgos con tales personas no va a servirte de mucho. A menudo, lo que les sucede es que prefieren tenerte cerca, con el intento aparcado, que tenerte lejos con tu logro conseguido.

Luego, en segunda instancia, habrá otras personas a quienes no importe para nada que decidas dar el paso de tomar esa decisión temida. Son los que no comparten todas tus percepciones anteriores y sopesan los riesgos en su justa medida. Verás que su reacción es de sorpresa. Quienes no te creían capaz de algo se maravillarán de que te hayas atrevido.

Ten en cuenta que, a lo largo de todo este proceso, en tu interior seguirá siempre la duda inicial. Somos humanos. La correcta asignación de riesgos o la reducción de la distorsión no significan la eliminación de los temores. Pero miedos, los justos. Los veraces. Los reales.

...

Al liberarte de un miedo infundado, los demás SE SORPRENDERÁN O TE ADVERTIRÁN.

...

Los autores no negamos que toda decisión que supone un riesgo pueda salirte mal. Nosotros mismos, a lo largo de nuestras vidas personales y profesionales, hemos dado pasos correctos y pasos en falso. Vivir es equivocarte. Y vivir sin equivocarte es, simple y llanamente, malvivir. Porque si tu vida no contiene errores, es una vida totalmente contenida y limitada.

Ahora bien, las decisiones que tomes pueden entrañar riesgos y consecuencias para otras personas. No vives solo. Si decides dejar un empleo que consideras estable para iniciar un negocio propio, si sale mal la cosa, puede repercutir en tu economía y afectar a tus hijos o seres queridos.

Si decides llevarte a la familia al extranjero, puedes acabar experimentando la falta de adaptación tú mismo o alguno de los miembros de tu familia, que le lleve a perder el ánimo y afectarle al carácter.

Claro que existen riesgos. Los objetivos, los reales.

Toda decisión que entrañe un riesgo para ti y para los que te rodean te obliga a asumir las responsabilidades que de esa decisión se deriven. Eso es lo único exigible por los demás. Pero tienes derecho, a lo largo de tu vida, de tratar de alcanzar tus sueños y tus metas. No se trata de renunciar a ellas, sino de abordarlas con responsabilidad.

Por eso es tan importante la planificación a la que enseguida haremos mención. Porque es parte de tu responsabilidad. «Si sucede esto, haré esto otro.»

Conviene que informes bien a quienes viven contigo de los riesgos de la decisión que vas a tomar y recabar su apoyo.

Por ejemplo: «Vamos a irnos a vivir al extranjero, pero puede salir mal. A pesar de ello, será una gran experiencia y aprenderemos mucho. Si alguno de nosotros no se adapta, regresaremos todos, aunque sea antes de lo previsto. Ese es mi compromiso».

«Me he decidido a iniciar un negocio propio, pero

puede salir mal. Si veo que eso puede suceder, abortaré el proyecto antes de que nos cause un perjuicio económico demasiado grave a toda la familia.»

En otras palabras, debes informar y asumir la responsabilidad, así como situar el momento de «abortar la misión» antes de que afecte a otras personas más de lo debido.

. . .

Renunciar a un miedo infundado no es egoísmo, PORQUE NO SUPONE ELUDIR RESPONSABILIDADES.

. . .

TODO SALDRÁ BIEN SI PLANIFICAS Y NO DRAMATIZAS

Si, llegado a este punto, has decidido dar un paso determinado y superar un miedo atenazador, es preciso que tomes algunas medidas. Como hemos indicado previamente, reajustar tus miedos no significa convertirte en un inconsciente. El célebre cuento infantil *Juan sin Miedo*, de los hermanos Grimm, narra la historia de un niño que no teme a nada. Aparentemente, eso lo convierte en superior a todos los demás. Su hermano lo admira profundamente. Pero, en realidad, las aventuras a las que decide enfrentarse Juan sin Miedo (el ogro o la bruja) demuestran que más que un valiente es un imprudente o un inconsciente.

Tus temores fundados y objetivos, los reales, no solo

son legítimos, sino que son necesarios, pues tienen una función importantísima: prever y planificar, antes de que ocurran, las eventualidades que pueden aparecer en tu vida a medida que tomas decisiones.

En esa planificación, sin embargo, debes sopesar dos elementos.

Si eres un montañista y vas a emprender una expedición, no cargas en tu mochila todos los instrumentos y las herramientas que es altamente improbable que tengas que utilizar. Cargas con lo necesario (aunque tal vez no lo utilices), para solucionar los problemas que, objetivamente, tienen probabilidad de ocurrir.

Ahora bien, cuando sopesas probabilidades, te recomendamos añadir, además, el impacto de los hechos en caso de que te ocurra una cierta eventualidad. Así, cargar con un segundo cuchillo de plástico en la mochila durante una expedición puede no ser necesario, puedes utilizar una piedra como herramienta cortante. Es altamente probable que se te rompa el cuchillo de plástico, pero el impacto sobre el éxito de tu expedición es pequeño. En cambio, quedarte sin cuerdas es un gran problema. La probabilidad de que se te rompa o se te pierda la cuerda es ínfima. Pero si te ocurre, el impacto puede ser trascendental. Ante dos fenómenos con probabilidades distintas debes tener en cuenta ambas cosas: la probabilidad de que suceda el imprevisto y el impacto sobre cómo afectará a tus resultados en caso de aparición.

Tras un paso que has temido dar mucho tiempo, pase lo que pase, y bien planificadas las actuaciones o las medidas que vas a tomar en caso de que la cosa se tuerza, experimentarás una gran satisfacción, sumada a una reubicación y una reasignación de la realidad. Pero no a una negación de la realidad, no nos equivoquemos.

En resumen, la información reduce tus miedos infundados a través de la desdramatización (el asunto no es tan terrible). Y la planificación reduce tus riesgos reales a través de la previsión (si algo sucede, tienes posibles soluciones a tu alcance).

...

Rechazar un miedo infundado requiere DESDRAMATIZAR Y PLANIFICAR.

...

DI ADIÓS A LOS TEMORES QUE TE LIMITAN

Adquiriendo la llave del logro ganarás capacidad para probar o lograr tus objetivos, sin obstáculos que, en realidad, son inexistentes. Sin miedo vivirás mejor. Y más feliz. Y de forma más alegre. El miedo te produce tristeza y aislamiento, porque te obliga a autoprotegerte y, por tanto, a aislarte de las personas, situaciones o actividades que temes. Vivir sin miedo te brindará una vida más rica y diversa.

La eliminación de miedos inexistentes te permitirá ensayar, experimentar y abrir horizontes. Sustituir la química cerebral, donde, debido al miedo, antaño la adrenalina, la noradrenalina y el cortisol campaban a sus anchas, manteniéndote siempre en una alerta continua y desgastante que a la larga deprimía tu sistema inmunológico; ahora, aparecerán las endorfinas y la oxitocina que tanto bien te harán, en todos los sentidos. Tus horizontes psíquicos se expandirán, tus probabilidades aumentarán, tus oportunidades se verán mejor, tu visión sistémica aumentará, tu pensamiento estratégico ganará lucidez, tu empatía crecerá y tu creatividad se disparará.

Cuando pretendías anular la incertidumbre a través de la negación de toda posibilidad, veías continuamente enemigos y engaños donde no los había. Eso dejará de suceder. Verás oportunidades donde antes no las percibías, reconocerás y descubrirás a colaboradores y fuentes de ayuda e inspiración en muchas personas que antes te pasaban desapercibidas. Lo interesante es que la valía de la información que recibes depende de tus miedos y de tu relación con la incertidumbre. Si abrazas la incertidumbre, verás oportunidades en toda persona que te rodee. Si vives tratando de matar la incertidumbre, cada persona que se te acerque te resultará invisible.

Te recomendamos un pequeño vídeo del actor afroamericano Will Smith, que puedes encontrar fácilmente en YouTube.[6] Durante una conferencia, narra cómo, durante una noche de juerga con amigos, tomó el compromiso de saltar en paracaídas. Explica todo el miedo que sintió al día siguiente, maldiciéndose a sí mismo por haber accedido a ese salto. A pesar de sus temores, se atrevió y saltó. Y lo que Will Smith dice es que todo el

6 Véase <www.youtube.com/watch?v=HG0VfONNkoU>.

miedo experimentado se desvaneció en cuanto estuvo en el aire, donde sintió una felicidad y una satisfacción plenas. Es decir, el supuesto momento de mayor peligro que le había producido angustia durante horas y horas era, en realidad, el momento de máximo placer y de miedo cero. Durante todas las horas previas, lejos del avión, no había motivo de angustia. Estás en tierra, lejos del avión. No llevas ni siquiera puesto el paracaídas. Tienes miedo de lo que aún no ha sucedido. Y cuando sucede aquello que tanta angustia te ha creado (el salto en paracaídas), te das cuenta de que no había nada que temer. El miedo te arruina los momentos en que no sucede nada, y cuando ocurre lo que te angustia, te das cuenta de que no había tanto que temer. Aquello que pensabas que sería terrible, resulta que era inocuo y, en algunos casos, incluso placentero, como nos enseña Will Smith.

...

El no a un miedo infundado nos abre la puerta a... LA LLAVE DEL LOGRO.

...

CLAVES PARA LOGRAR LA LLAVE DEL LOGRO

El mejor ejercicio que podemos proponerte es un ejercicio de visualización.

1. Túmbate en un lugar cómodo, pon música relajante, pide que nadie te moleste y cierra los ojos. Piensa que tomas una decisión que actualmente te produce un gran miedo. Supón que empiezan a suceder algunas de las cosas que temes y trata de visualizar qué harías para solucionarlas.
2. Imagina realmente cómo te ocupas de los problemas y las alternativas que dispones a tu alcance. Imagina que incluso esas soluciones no acaban de funcionar del todo. Trata de pensar qué más haces, cómo actúas. Por tercera vez, ese recurso no da los resultados esperados. Vuelve a pensar cómo reaccionarías, qué otros planes llevarías a cabo.
3. Finalmente, abre los ojos. Tus temores no habrán desaparecido, pero los verás mucho más ajustados a la realidad.

Estas son las preguntas que te puedes formular y que te ayudarán:

- ¿Qué temo en realidad?
- ¿Mis temores son realmente propios o me los han sugerido, descrito y acrecentado otras personas?
- ¿Qué pasaría si sucediera aquello que temo?
- ¿He hablado con otras personas que hayan dado ese paso y les haya salido mal? ¿Qué sucedió? ¿Fue tan terrible?
- ¿Qué información utilizo para valorar que algo es peligroso o puede producirme daño? ¿He contrastado esta información con expertos?
- ¿Qué probabilidades reales hay de que ocurra algo?
- Si sucede lo que tanto temo, ¿qué haría a continuación para solucionarlo?
- ¿Qué recursos alternativos pondría en marcha?
- ¿Qué cosas experimentaré o aprenderé si lo intento?
- Independientemente del resultado, ¿vale la pena intentarlo?
- Una pregunta de *Blade Runner*: «¿Qué harías si no tuvieras miedo?».

LA LLAVE DEL LOGRO EN DIEZ MÁXIMAS

Los miedos infundados impiden la llave del logro.

* * *

Las palabras claves de un miedo infundado son «peligros o consecuencias distorsionadas».

* * *

El miedo infundado inhibe la correcta evaluación de riesgos y posibilidades.

* * *

El miedo infundado se manifiesta en bloqueo, inacción, inmovilismo y enfermedad.

* * *

El miedo infundado se anula con información
y visualización.

* * *

Al liberarte de un miedo infundado, los demás
se sorprenderán o te advertirán.

* * *

Renunciar a un miedo infundado no es egoísmo,
porque no supone eludir responsabilidades.

* * *

Rechazar un miedo infundado requiere
desdramatizar y planificar.

* * *

El no a un miedo infundado nos abre la puerta a...
la llave del logro.

. . .

**Di no a tus miedos infundados
y CONQUISTA LA LLAVE DEL LOGRO.**

. . .

CAPÍTULO 4

LA LLAVE DEL DISFRUTE

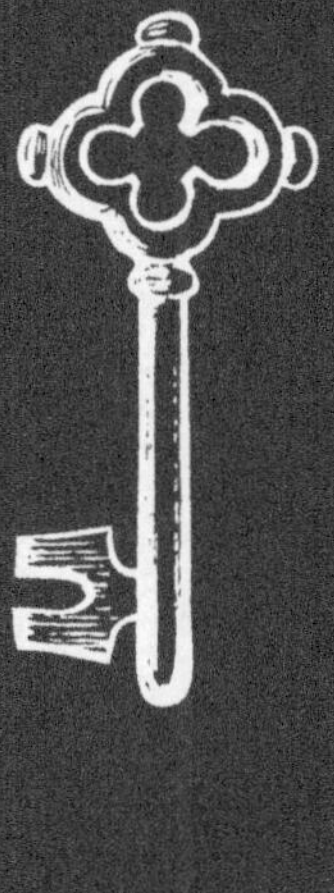

CUARTA CELDA

El rey sabía que faltaba poco para terminar su relato. Si Ibrahim no empezaba a tener alguna idea de cómo resolver el enigma, cada vez le resultaría más difícil.

Tomó aire y prosiguió.

* * *

El hombre avanza por el pasillo oscuro hasta la cuarta de las celdas. En el interior, halla a una mujer que, llorosa, golpea con el puño su pecho y repite para sí:

–Por mi culpa se perdió la llave. Por mi culpa. Fue mi responsabilidad. Eres una insensata, una descuidada.

El habitante del palacio susurra:

–¡Eh, eh! ¿Qué sucede?

La mujer levanta la vista.

–¿Quién eres? ¿Qué quieres?

–Sacarte de aquí.

–No puedes. Es imposible encontrar la llave sin pista alguna. Y yo, estúpida de mí... Yo fui quien dijo dónde debían guardarla para cuando quisiera ser liberada.

Al habitante del palacio se le iluminan los ojos.

–Entonces..., tú no crees que la llave no exista, ni que una norma te obligue a permanecer aquí ni tienes miedo de enfrentarte a las dificultades del exterior.

–No, nada de eso es cierto en mi caso. Yo estoy aquí única y exclusivamente por mi propia culpa. Yo especifiqué dónde quería que escondieran la llave de mi mazmorra. Debía haber anotado el lugar que en su día indiqué. Ahora, por mi propia dejadez, debo permanecer aquí para siempre.

–¿Y por qué no lo recuerdas? ¿Tanto tiempo hace de aquel momento?

–No lo recuerdo con exactitud. Era pequeña. O quizá no tanto. No sé qué edad exacta tenía. Pero da igual. Era mi responsabilidad.

–Vamos, trata de recordar. Aunque sea una pequeña pista. Algún recuerdo, por vago que resulte.

–Es como si mi mente estuviese en blanco. Lo siento. Fue mi culpa. Nada puedo hacer por ti. Nada puedo hacer por nosotros –y, acto seguido, le da la espalda y dice–: Por mi culpa se perdió la llave. Por mi culpa. Fue mi responsabilidad. Eres una insensata, una descuidada.

El habitante de la edificación la deja con sus lamentos y avanza por la galería. Y piensa que la única que había sabido dónde están las llaves es incapaz de recordar.

* * *

–Eso es todo, Ibrahim, en cuanto al cuarto prisionero –dice el rey. Y añade–: ¿Deseas un descanso?

Ibrahim, solo por un momento, cree haber caído en la cuenta de algo. Y solicita ansioso al rey que prosiga con su acertijo.

ESCLAVOS DE CULPAS INEXISTENTES

Laura y María eran las dos hijas de Mario, un hombre de ochenta años, jubilado y enfermo, al que cuidaba María, la mayor de ellas.

Cada vez que Laura, su hija menor, iba a visitar a su padre, cosa que hacía por lo menos tres días a la semana, siempre encontraba a María en actitud hostil, tensa, desagradable. Sin hacer ni decir nada concreto, era como si María quisiera hacer sentir a Laura culpable de algo.

Un día, Laura, cansada de la tensión que sentía cada vez que iba a ver a su padre, se dirigió a María para aclarar si había algún problema, ya que no entendía su comportamiento, siempre irascible y desagradable.

A la pregunta de su hermana menor, María estalló en ira y espetó a Laura que, cada vez que se marchaba de ver a su padre, este se sentía muy feliz. Ahora bien, solo pasaba por la casa paterna tres días a la semana, mientras que ella era quien estaba cada día con él y tenía que ocuparse de todos los cuidados a los que sus enfermedades y su vejez obligaban.

María quería hacer sentir culpable a Laura por su rol de cuidadora, ocupación que, aparentemente, no deseaba ejercer. Responsabilizar a su hermana de lo que la propia María definía como su «esclavitud por amor a papá».

Laura no ejercía el papel de cuidadora activa, pero gracias a ella se podían sostener económicamente su hermana mayor y su padre, ya que la pensión de jubilación era escasa y María apenas había cotizado en su vida.

Laura había podido desarrollar una carrera profesional exitosa, no sin pagar un alto precio personal por ello y haber invertido mucho dinero en formación constante que le permitía tener un puesto de alta responsabilidad en una gran empresa en la que era muy apreciada.

Laura fue muy clara con María: «Fuiste tú, hermana, quien decidió asumir este rol. Tú también podías haber trabajado y haberte forjado una carrera, haber prosperado y ganarte la vida, ya que eres muy creativa e inteligente. Con ese dinero habrías podido contribuir a pagar un apoyo al cuidado de papá, tal y como yo estoy haciendo. De este modo, con lo que aportáramos entre las dos, podríamos repartir nuestro tiempo entre trabajo y familia de un modo distinto».

Laura prosiguió: «Yo amo a papá y paso por aquí todos los días que puedo. Además, cada mes aporto y os entrego el dinero que os permite vivir, tanto a ti como a él, con holgura. Pero no admito que hagas de mí el cubo de basura de tus frustraciones y que con tu victimismo aparente seas mi verdugo y mi juez; un juez que me sentencia por envidia. Tú también podías haber elegido una vida distinta. Tu opción fue elegir la que estás viviendo. Tu responsabilidad es tuya, la frustración que sientes es tuya. No pretendas que me la coma yo», concluyó Laura.

Su hermana dejó de hablarle y Laura se quedó pensando si había actuado o no correctamente, diciéndole todo lo que le había dicho.

La historia de Laura y María tiene una característica. La capacidad de disfrute de las dos está fuertemente condicionada y, en consecuencia, sus vidas. Las culpas inexistentes condicionaron esa capacidad. Veamos cómo.

...

LAS CULPAS INEXISTENTES impiden la llave del disfrute.

...

¿QUÉ ENTENDEMOS POR CULPA INEXISTENTE?

Una culpa inexistente es una responsabilidad que constantemente se te atribuye y por la que se te reprocha errónea o injustamente.

¿Quién te la asigna? ¿Quién te la atribuye? ¿Quién, en términos coloquiales, te encasqueta esa responsabilidad?

No nos llamemos a engaño.

Te la puede atribuir, ¡y crear!, otra persona, pero eres tú quien, en última instancia, la haces tuya y la incorporas como una culpa real. Si cargas a cuestas en tu vida con una culpa que no te corresponde, el responsable, en definitiva, y aunque suene duro, eres tú.

Eso no significa que tú estés en el origen de la culpa atribuida. Otras personas «culpabilizadoras» han ido tejiendo poco a poco esa sensación de autoría, de hacerte creer que eres la causa de un dolor, de una afrenta, de la tristeza que ellos sienten. Tú no creas culpas por ti solo. Las forjan otros. Y esa construcción puede ser tanto consciente como inconsciente por su parte. Pero eres tú quien, a la postre, te la echas a la espalda.

Una culpa inexistente es una forma de atribución, pero distinta a la atribución del capítulo 2, que hacía referencia a una forma de ser; aquí no hablamos de un carácter o personalidad, sino de una responsabilidad que no te pertenece, una autoría no probada, un efecto del que no has sido causa.

Es sorprendente e increíble la capacidad de autoculparnos que tenemos las personas. ¿Por qué lo hacemos? Pues porque somos humanos.

Y es que el sentido de culpa es una cualidad que no poseen los animales. Un perro, por ejemplo, puede llegar a cometer un error que cueste la vida a uno de sus cachorros y, si bien se entristecerá profundamente, no se culpabilizará. ¡No siente culpa ni siquiera si, por un error, sus «hijos» pierden la vida! Los animales no se culpan nunca. No tienen sentido de la culpabilidad. El motivo es que no tienen sentido de la responsabilidad en la acepción moral de la palabra. Cuando regañas a un perro porque se ha portado mal o te ha desobedecido, el animal agachará las orejas. Sentirá miedo, temor e, incluso, sabiendo que no ha obrado bien y conociendo a la perfección el motivo por el cual le riñes, no se sentirá culpable. Ni siquiera se arrepentirá. Es un sentimiento negativo, se siente mal porque le estás riñendo. No es agradable. Pero no siente culpa, solo temor y una emoción negativa. Para que un ser vivo se sienta culpable, es preciso tanto el sentido de responsabilidad como el de alteridad. Así, el *Diccionario de la lengua española,* de la Real Academia Española, en la acepción psicológica de *culpa,* la define como «acción u omisión que provoca un sentimiento de responsabilidad por un daño causado».

Solo la raza humana se culpabiliza. Como ser humano, no solo tienes la capacidad de experimentar una culpa que los animales no sienten. Tienes la capacidad de hacer dos cosas con la culpa que son realmente asombrosas. Primero, tienes de «fabricar» culpas inexistentes. Y, segundo, encontrar relaciones causa-efecto que son completamente falsas, imposibles e inexistentes.

Por ejemplo, por tener un padre o una madre enferma desde la niñez, te puedes sentir culpable a lo largo de toda tu vida. De niño, puedes llegar a pensar que tu madre está enferma porque le das demasiados disgustos. Y, a pesar de que cuando crezcas y tengas pleno uso de facultades sabrás que los disgustos no causan enfermedades físicas, se habrá quedado fijado en tu corazón un inexplicable sentimiento de culpa. Por algún extraño motivo, la verdad sobre el hecho en sí, incluso ya racionalizada en la vida adulta, no erradica en ti completamente el sentimiento o la herida que una falsa culpa ha dejado durante la niñez o la adolescencia.

Además de las culpas que fabricas, están las culpas que otros te encasquetan. Por ejemplo, tu pareja te culpa de una vida en común tediosa si te dice: «Mi vida es triste, y es porque tú no sabes divertirte».

No estamos diciendo que no seas responsable de nada. Por supuesto, hay daños o malestares que tú causas. Hay «culpas existentes» (nos gusta más hablar de *responsabilidades*), efectivamente. Pero hay muchos otros perjuicios que no son responsabilidad tuya, sino de las personas que de ellos se lamentan.

Por ejemplo, imagina que tu pareja te hace sentir culpable de su tedio. Tú no tienes la obligación de distraerla. Tu pareja no se casado ni vive con un payaso, un prestidigitador o un animador de fiestas. De ti no se espera que distraigas a tu pareja, sino que la respetes y la ames. Si tu pareja se rompe, uno de los dos puede sentirse culpable de no haber sido capaz de haber dado al otro la diversión o el ocio que esperaba. Sin embargo, esa no era su responsabilidad. En la historia que contábamos al inicio del capítulo, Laura no es responsable de que María no trabaje. Que ahora se dedique al cuidado de su padre es una consecuencia de no haber apostado por su carrera profesional en su debido momento. Pero no es culpa de su hermana.

Asumir una culpa inexistente es asumir la responsabilidad de un daño que no has producido (¡y que incluso, a veces, se ha infligido otro a sí mismo) y querer expiarlo por él. Es, en el límite, el autosacrificio por la perpetración de un agravio realizado por otro. Pero como el amor es lealtad, hay hijos que sacrifican sus vidas para expiar las faltas realizadas por los padres; hay madres que sacrifican su vida para expiar las faltas de sus hijos; o esposas que sacrifican sus vidas por sus maridos o maridos que las sacrifican por sus esposas.

Por supuesto, no hay nada malo en sacrificarte por el otro. Hacer algo por otra persona es una demostración de amor, generosidad o afecto. Y si te entregas por amor, puedes experimentar una de las mayores alegrías como ser humano. Lo erróneo es pasarte media vida arrastrando un sentimiento negativo que otro te ha encasquetado injustamente y que, además, sea precisamente ese sentimiento el motor de tu sacrificio por una culpa ficticia. Ese sacrificio no es libre, no es voluntario. Se origina en una culpa que te han encasquetado y que has asumido como real, y eso produce que tu entrega no genere gozo o alegría, sino pesadumbre y tristeza. Al ser una entrega basada en la culpa, lo que haces es una búsqueda de expiación de algo que no te tiene por qué ser perdonado y que, por tanto, nunca lo estará del todo. En definitiva, una culpa inexistente es una responsabilidad no atribuible a ti.

...

Las palabras claves son «RESPONSABILIDAD NO ATRIBUIBLE».

...

EL PELIGRO DE NO SONREÍR

La principal implicación de vivir con culpas inexistentes es que vas a cargar tu existencia con una mochila que es la responsabilidad de otras personas. El aburrimiento del otro no es responsabilidad más que de quien se aburre. La felicidad del otro no es responsabilidad más que de sí mismo; tú no eres la causa de ninguna enfermedad.

Como se dice vulgarmente, que cada palo aguante su vela. Así que la principal consecuencia es un sentimiento de responsabilidad que pesará como una losa sobre tus espaldas.

Una culpa inexistente te lleva a pagar un alto precio por un pecado fantasma, una falta ficticia o un mal que tú no has hecho. Te haces esclavo de un fantasma y cargas una cadena que no es tuya. La culpa, por definición, te esclaviza, te hace preso, porque es una forma de humillación radical. Lo peor del caso es que esta humillación se produce sin haber tenido la responsabilidad del mal que se te atribuye.

Un claro ejemplo lo tenemos en la maravillosa película de Disney *El rey león*. El pequeño Simba se cree culpable y responsable de la muerte de su padre en un desfiladero, arrollado por una estampida de bisontes. El protagonista, durante toda la película, carga con una cadena que le imposibilita asumir su cargo, su destino y su función, ser el rey de la manada y del resto de los animales. Se siente indigno, el sentimiento es de humillación, y queda anulada toda posibilidad de disfrute. Muchas de las películas de Disney están basadas en una culpa inexistente y la trama siempre es la misma: la culpa dificulta la consecución del destino y sume al protagonista en la vergüenza, la tristeza, la ocultación, la huida y la autolimitación. El protagonista casi siempre se evade. Se aísla en un mundo aparte y alienado de la realidad, de su entorno, para, lejos del juicio y de la responsabilidad, poder vivir sin la losa de la culpa. Así, cuando Simba conoce a Pumba y Timón (la mofeta y el jabalí) cantan la célebre canción «Hakuna matata», que significa «No hay problemas». La estrategia de Pumba y Timón es desentenderse de las obligaciones y del propósito vital, del destino que realmente espera a Simba, y esconderlo en una vida paralela donde ser felices. Pero esa felicidad es falsa y, en consecuencia, efímera. Les proporciona una dicha en una burbuja temporal, la de la huida. Pero su deseo y su misión, lo que Simba está llamado a ser, siempre golpeará su puerta. Ser el rey león.

«¿Qué hago aquí? –se pregunta finalmente Simba–. Esta no es mi misión en la vida.»

Y cuando se despoja de la culpa, afronta su responsabilidad, ajusta cuentas con Scar, su tío, el verdadero perpetrador del asesinato, lo vence y recupera el cetro de la manada y de la sabana.

El rey león es mucho más que una película de animación; es el viaje del héroe, según la tradición narrativa. A Simba lo engaña su tío de forma fraudulenta para inhabilitarlo como heredero de la responsabilidad de gobierno de su ecosistema. *El rey león* es un filme sobre el sentimiento de culpa, la huida de la realidad y el autocastigo que estos generan. Sin tanta alevosía ni premeditación y sin darse cuenta, otras personas acaban creando en ti sentimientos similares.

Cuando te sientes culpable, te sientes indigno. La falta de dignidad te conduce hacia la falta de respeto por ti mismo. La culpa inhibe el gozo, el disfrute, la alegría de vivir, el deseo de sonreír ante las pequeñas cosas cotidianas. La culpa es como una sombra que anula tu capacidad de disfrutar de las cosas buenas que tiene la vida.

. . .

La culpa inexistente
IMPIDE EL DISFRUTE.

. . .

SI NO HAY DISFRUTE, HAY TRISTEZA

No poseer la llave del disfrute produce un sentimiento de carga, de tristeza, de injusticia, contra el cual parece que no puedes luchar.

Religiones al margen, el efecto sobre ti es similar al de la culpa por el pecado. En muchas religiones, un pecado es una ofensa a Dios. La ofensa a Dios te produce culpa y solo el perdón te reconcilia con Él y contigo mismo, además de con el prójimo. Así piensan y sienten muchos devotos. No importa de qué religión se trate.

Ahora bien, imagina un Dios que no perdonase, que negase el perdón. Cargarías con una culpa eterna. Al igual que Adán y Eva, quienes, tras morder la manzana, sintieron por vez primera vergüenza de su desnudez. Cuando no hay perdón, hay vergüenza. La vergüenza hacia ti mismo es la consecuencia de saber que has actuado contra tu conciencia, que has faltado a la dignidad del otro. Y esa vergüenza no te permite disfrutar, gozar. Te queda una autoestima profundamente afectada que te lleva a desvalorizarte, despreciarte a ti mismo. Subestimarte y humillarte son los efectos de una culpa injustamente asumida.

Así, la principal consecuencia de la culpa inexistente es una ausencia de alegría de vivir.

Pero hay más.

Ese malestar emocional constante afecta a tu capacidad de razonar con claridad.

Es lógico. Si has de justificar una culpa inexistente, habrás de razonar, pero lo harás de forma ilógica. ¿Por qué de forma ilógica? Pues porque como la culpa en realidad no existe, pero la sientes, «razonarás» hasta demostrar que lo que es falso, en tu caso, es verdadero. Como habrás de justificar muchos de tus sentimientos y acciones, buscarás razonamientos fuera de toda sensatez. Si tienes sentimiento de culpa, a pesar de que en cualquier ámbito de la vida razones a la perfección, cuando se trata de tu responsabilidad, no razonarás de forma correcta. Tus argumentos buscarán vericuetos para confirmar la responsabilidad que te atribuyes y sientes.

La culpa te produce, además, estrés y ansiedad, los cuales surgen para compensar tu culpa a través de un curioso mecanismo compensador: la autoexigencia. Como eres culpable, debes redimirte. Ser perfecto es una forma de redimirte. Tratas de compensar a través de la perfección los errores anteriormente cometidos. Es como el niño al que has reñido y durante los siguientes días va recto como un palo y obedece a la primera. Es la traslación del concepto de *penitencia* llevado a un sentimiento cotidiano.

No estamos diciendo que si eres una persona que se exige mucho signifique que arrastres culpas, sino que uno de los efectos de las culpas inexistentes es que te producen un exceso de exigencia. Es un mecanismo de compensación, como «me he portado mal, ahora debo ser muy bueno».

Pero ser bueno, ¿en qué?

Pues aquí conectaríamos muy probablemente con los caminos a los que te conducen los mandatos, explicados en el capítulo número 7. Tratarás de exigirte mucho en aquellos aspectos en los cuales te has culpabilizado. Así, si hallaste tristeza en sus padres durante tu niñez, tal vez tratarás de ser una persona muy simpática, que busca hacer reír a los demás. O si viviste la carestía económica o la ruina de tu familia, tratarás de llegar muy lejos profesionalmente y de ahorrar mucho dinero, incluso más del que precises. Lo curioso es que, si no lo logras, te sentirás culpable por no ser capaz de ahorrar. Es decir, lo que para una persona normal sería un simple fastidio, hecho o contrariedad, para ti es un drama. Otra persona se dirá a sí misma: «Caramba, no logro ahorrar desde hace años». Y ya está. No hay más. Pero para ti es una gran fuente de desdicha y tristeza. Y te dirás a ti mismo: «Me siento triste y abatido porque no soy capaz de ahorrar, me siento profundamente culpable». Lo que para uno es un hecho sin connotaciones, para ti es la reactivación de un sentimiento negativo. La falta de ahorro no es un motivo para sentirse culpable. Pero la ruina familiar ha dejado tal sentido de culpa en ti, que decodificas el poco ahorro de tu madurez y le otorgas un signo que no existe.

Las culpas inexistentes te crean misiones vitales de lo más extemporáneas: ahorrar, curar, divertir, triunfar, seducir, gustar... La lista sería interminable. Es la lista de signos externos que sirven para redimirte de algo que no cometiste. El ser humano hace estas cosas.

Si cargas con culpas inexistentes, adoptas una posición existencial «yo estoy mal, tú estás bien» (véase capítulo 1), en la cual estableces relaciones asimétricas con los demás y acabas asumiendo nuevas culpas que no te pertenecen por inercia, por dinámica o por hábito inconsciente.

Muchas relaciones amorosas fallidas se producen en parejas en las que uno de los dos se siente extremadamente culpable. El exceso de culpa conduce a un nivel de perfeccionismo y a un nivel de exigencia que nunca acaban de tener su recompensa. La pareja de una persona con sentido de culpa no puede reparar un daño que no ha causado, así que sistemáticamente decepcionará a la persona amada. Haga lo que haga, por mucho que sea, será insuficiente. La respuesta a «tanto amor» entregado le hará sentir siempre que lo que ha dado era poco. Y acabará agotado o agotada de dar, sin hacer feliz al otro. Y el problema no es que no haga lo suficiente por hacer feliz a la otra persona. El problema es que la otra persona es incapaz de gozar de la vida y de todo lo que le entregan, porque arrastra culpas que le impiden disfrutar.

Esas rupturas acaban siempre de una forma parecida: «Tanto que le daba y qué ingrato era». Mientras que la otra persona dirá: «Daba igual que le quisiera, porque nada era suficiente». Los dos lo disteis todo y ninguno de los dos recibíais nada. Se da todo a cambio de tristeza.

. . .

La culpa inexistente se manifiesta EN TRISTEZA.

. . .

CÓMO ANULAR UNA CULPA INEXISTENTE

Tenemos una buena noticia: siempre estás a tiempo de rechazar las responsabilidades y las culpas que no son tuyas.

¿Cómo?

Pues haciéndote ver a ti mismo y, si es preciso, a las otras personas, y asumiendo sin ningún tipo de mal sentimiento, que hay responsabilidades que son intransferibles.

Ello te obliga también a saber tolerar el dolor de ver sufrir a alguien a quien amas y aceptar que no es capaz de gestionar su propia vida o sus propias responsabilidades. Esto es muy importante. Muchas personas no sabemos ver sufrir a otros. Y es un error. Saber tolerar el sufrimiento ajeno no significa que permanezcas impasible presenciando su dolor. Puedes reconfortar, escuchar e incluso ayudar, pero no hacer tuyas sus obligaciones o responsabilidades. Y, menos aún, sentirte responsables de su dolor.

Como diría el teólogo alemán Bert Hellinger, «tú con lo tuyo y yo con lo mío».

Es importante que tomes conciencia de que, aunque asumas la culpa de un tercero (padre, madre, hijos), eso no te libera (ni tampoco libera al perpetrador original) del mal. El mal persistirá porque solo el verdadero responsable es quien puede liberarse de su propio dolor. Lo mejor que puedes hacer es devolverle amorosamente la responsabilidad a esa persona para que lidie con ella. Ayudarla, pero no asumirla tú.

En muchos casos, puede que las personas a las que amas no sean capaces de superar sus dificultades. Es duro, pero habrás de aceptarlo. Tú no puedes vivir las vidas de los demás. Puedes amar, puedes ayudar, ser paciente. Pero no sentirte culpable del dolor, de los fallos, de los errores o de los fracasos ajenos.

No eres responsable de la separación de tus padres; no eres responsable de los problemas económicos de un hermano; no eres responsable de la depresión de un amigo. ¿Verdad que podrás alegrarte de su triunfo, si logra superar sus problemas, pero nunca afirmarías que lo logró gracias a ti? Pues, del mismo modo, puedes entristecerte si ellos no son capaces de salir de su dolor, pero no culparte por ello. ¿Es eso egoísmo? Enseguida demostraremos que no. En absoluto.

...

La culpa inexistente se anula APRENDIENDO A SOSTENER EL DOLOR AJENO.

...

NI VÍCTIMAS NI SALVADORES

Cuando apliques todo lo anterior, puede suceder que las personas se indignen, se enfaden contigo, se victimicen, te acusen de sus males e incluso te amenacen con hacerse daño. Hay que ignorarlas.

Devolver una culpa es devolver un fardo, una gran carga. Puede que el otro reaccione violentamente. Será preciso que trabajes la serenidad y la templanza. En definitiva, que renuncies al rol del «salvador» que siempre acaba en «víctima». Porque quien asume culpas ajenas es siempre el neurótico, el que no puede tolerar la angustia del otro y se la hace propia.

El de *juego psicológico* es un concepto que vale la pena revisitar.[7] Un juego psicológico es una situación en la que dos personas adoptan un rol de entre tres posibles. Los tres roles o posturas existenciales de un juego psicológico son salvador, víctima y perseguidor.

Actúas como salvador cuando adoptas la postura de rescatar a otra persona. Rescatar no tiene nada de malo, mientras que se trate de un náufrago, un niño, una persona extraviada o alguien que no puede, por sus propios medios, responsabilizarse de la situación en la que se encuentra. Por el contrario, salvar a quien debe y está obligado a salir de su situación, si bien es algo encomiable, no debería ser resultado de un sentimiento de culpa, como enseguida veremos.

7 Recomendamos la lectura del libro de Eric Berne que aborda en detalle los juegos psicológicos: *Juegos en que participamos: la psicología de las relaciones humanas*, Barcelona, RBA, 2007.

El segundo rol es el de víctima. Consiste en victimizarse para detonar y producir en el otro ese sentimiento que lleve a salvarle.

Por ejemplo, tu madre se queja cuando el menor de tus hermanos se porta mal o no obedece, y dice que no puede más, que está agotada y que solo le faltaba ese comportamiento díscolo. Tú, el hermano mayor, que eres un buenazo, te sientes culpable. No toleras ver a tu madre mal y entonces te pones a hacer tareas domésticas que, tal vez por tu edad, no te corresponden. Tu madre, aunque sea de forma inconsciente, está logrando que, gracias a su victimización, tú, más sensible y bondadoso, la ayudes. Ella adopta el rol de víctima y tú el de salvador.

Fijémonos en que la incapacidad de sostener el malestar de tu madre te lleva a asumir una responsabilidad y, en el fondo, una culpa. Si no ayudas, tu madre estará mal.

Si un buen día tomases conciencia de que no tiene nada que ver que tu hermano se porte mal con que tú tengas que fregar platos, la próxima vez que tu madre se victimice, no te pondrás a ayudar en la cocina. Tu madre se dará cuenta y, probablemente, te lo reprochará: «¿Por qué no me ayudas?».

Fijémonos en que pasa de ser víctima a ser perseguidora, que es el tercer rol. Y tú, que eras un salvador, pasas a ser víctima de tu madre, que te exige el peaje de la culpa que habías estado pagando.

Los roles se han intercambiado entre los protagonistas del «juego».

La respuesta más adecuada al reproche de tu madre

debería ser: «El hecho de que no sepas educar a mi hermano pequeño no es razón para que yo tenga que ponerme a planchar».

A eso se le llama *desvelar el juego*. La responsabilidad ha ido, por fin, a quien debía. La culpa, por fin, es inexistente.

Este es un ejemplo bastante sencillo. Pero podemos ver en la vida cotidiana otros juegos de este tipo, especialmente en las relaciones laborales. Veamos otro ejemplo.

Juan Carlos, el director de una empresa, llama el jueves por la mañana a Gregorio, uno de sus proveedores principales.

–Hola, Gregorio, soy Juan Carlos. Tengo un problema. El lunes necesito producir treinta mil pantalones y me he quedado sin tela. ¿Puedes entregarme género el lunes?

Su petición no es razonable y así se lo expresa Gregorio:

–Juan Carlos, ningún almacenista tiene tal cantidad de materia prima...

–Gregorio, no puedes hacerme algo así... Perderé a mi cliente principal. Y no solo eso..., las ventas van mal y si no atiendo este pedido, yo no sé lo que va a suceder... Creo que seré despedido... Te lo pido por favor..., se trata de algo más que un pedido, es mi puesto de trabajo... No me dejes tirado, te lo suplico, estoy con el agua al cuello... Además, llevo pasándote trabajo casi cinco años... No puedes hacerme algo así...

Bien, como vemos, Juan Carlos ha ejercido su papel de víctima a la perfección. Él es el único responsable de su situación. O se olvidó hacer el pedido cuando tocaba, o ha aceptado un encargo sin asegurarse de que podía cumplirlo. Él es el incompetente.

Si uno es una persona empática, siente angustia, se pone en la tesitura de la víctima y, sin darse cuenta..., se sitúa en el papel de salvador. Esto es a lo que llamamos *neurotizarse:*

–Bueno, Juan Carlos, no sé, esto es casi imposible, no te aseguro nada, pero creo que hace unas semanas me llamó un tipo al que le sobraba *stock*. Entre lo que le quede, lo que yo encuentre en mi propio almacén y lo que rasque de otros importadores, algo conseguiremos... Yo haré todo lo posible por ayudarte, nunca te he dejado colgado... Pero no te garantizo nada.

–¡Mil gracias, Gregorio! ¡Eres un sol! ¡No sabes cómo te lo agradezco! Mantenme informado, ¿de acuerdo?

Ya está. El juego ha comenzado. Gregorio se ha colocado en el rol de salvador. Ha caído en la «trampa», está ya dentro del juego. Veamos qué sucede.

Gregorio pasa todo el jueves intentando acumular unos metros de tejido, pero aquel proveedor ya vendió lo que tenía y él apenas tiene producto en el almacén. El viernes, desesperado, llama a Juan Carlos para comunicarle que no va a poder reunir todo el género solicitado, pero le dicen que está reunido. Prueba un par de veces más, sin éxito. A última hora de la tarde vuelve a telefonear, pero Juan Carlos ya se ha ido de fin de semana. Llega el lunes por la mañana.

–Hola, Gregorio, ¿a qué hora me envías el camión? –pregunta Juan Carlos.

–Verás... No he reunido más que la mitad de lo que

necesitas –musita el pobre Gregorio–. Intenté localizarte el viernes para avisarte, pero fue imposible.

–¿¡Cómo dices!? ¡Quedamos en que me servirías el pedido el lunes por la mañana! ¡Ni hablar! ¡Haz lo que sea, pero entrégame ese maldito género ya! De lo contrario…, ¡detengo el pago de todas tus facturas! ¿Cómo te atreves a dejarme colgado? ¡Y sin avisar siquiera!

Juan Carlos está ya en rol de perseguidor y coloca a Gregorio en el rol de víctima. Se sentirá fatal. Encima de que ha intentado lo imposible, ahora están amenazándole.

Algunos juegos psicológicos pueden durar una vida entera. Por ejemplo, si necesitas ir siempre de salvador o salvadora por la vida, rescatando a los demás, aunque no te lo pidan, acabarás siempre sintiéndote víctima a pesar de haber comenzado a jugar como salvador. Porque todo salvador acaba poniéndose en el lugar de la víctima de quien ayuda, y esa persona, si en realidad no quiere ni ha pedido tu ayuda, luego deviene en tu perseguidor.

En un juego, todos pierden. Mal trago para todos. Esa es la característica de todos los juegos de salvación en los que asumes responsabilidades que no te tocan por la angustia que te produce la incapacidad del otro para sostener su dolor o sufrimiento.

…

Al liberarte de una culpa inexistente, los demás SE VICTIMIZARÁN PARA QUE SIGAS SALVÁNDOLOS.

…

Y ten una cosa clara: no eres egoísta, tu responsabilidad tiene límites.

Imaginemos a dos personas distintas cuyos padres tuvieron vidas profesionales llenas de dificultades que los llevaron a perder de manera repetida sus empleos. Y supongamos también que ambos se sienten culpables por ello.

En el primer caso, el hijo fue una persona díscola, difícil, que bebía, abusaba de las drogas y andaba con malas compañías. Su padre, preocupado por él, sufría lo indecible, apenas dormía, le costaba concentrarse y todo ello acabó por perjudicarle en el trabajo.

En el segundo caso, el hijo fue un niño normal, de rendimiento escolar medio, que no destacaba demasiado, pero no suspendía. Un chico que jugaba al fútbol y salía con sus amigos, y que no daba mayores problemas. Sin embargo, su padre, debido a problemas de relación con sus superiores y a una incapacidad para la crítica, acababa a menudo con altercados laborales que le llevaron de una empresa a otra, empeorando cada vez más su situación profesional.

En ambos casos, aunque no lo parezca, los dos chicos podrían llegar a adultos sintiéndose culpables por el fracaso profesional de sus respectivos progenitores. Al fin y al cabo, en cada caso, los veían sufrir en casa, ganar menos dinero y maldecir su mala suerte.

Tú, desde fuera, ves claro que la culpabilidad del primer hijo es justificable, pero no la del segundo, ¿verdad?

Pues esa es la diferencia entre ser egoísta y sentirte culpable de algo que no es tu responsabilidad.

Veamos más ejemplos...

Tú no eres responsable del trabajo de otro, pero sí de llevar al paro a alguien debido a tu mal comportamiento o a cómo tu convivencia llegó a afectarle; tú no eres responsable de la felicidad de los que te rodean, pero sí de causarles infelicidad; o no eres responsable de la desidia de tu pareja, pero sí de desanimarla o minar su autoestima; no eres responsable de los desamores de un amigo, pero sí de entrometerte o juzgar sus relaciones amorosas, creándole dudas y afectando a su comportamiento.

...

Renunciar a una responsabilidad no atribuible no es egoísmo, PORQUE NO SUPONE ABANDONO.

...

TIEMPO Y RESPETO

Si estás leyendo estas líneas y consideras que debes devolver un fardo que no te tocaba, debes proceder de forma cuidadosa.

Primero, toma conciencia de que nada de lo que a continuación suceda va a ser responsabilidad tuya. Pero también procede despacio, con mucho cariño y dando tiempo (pero no un tiempo indefinido) a que la otra persona adquiera la fuerza y asimile que la ayuda que está recibiendo en la actualidad por tu parte va a ir declinando y que la responsabilidad que puso en ti va a tener que ir siendo asumida por él.

Si durante una excursión devuelves de repente una mochila pesada a su propietario, esa persona se tambalea y sentirá que no puede con ella. Se la debes ir pasando a ratos o le has de ir transfiriendo el contenido de la mochila poco a poco. Ahora bien, con firmeza, límites y un plazo límite.

Por otro lado, es importante que hagas ver a la persona que la reasignación de su responsabilidad no es un reproche que le haces. Es una cuestión de dignidad y de madurez. El amor, el afecto, la preocupación por el otro no tienen nada que ver con sentirte culpable o ser responsable de cuestiones que le son propias. Tú puedes querer mucho a alguien, pero no eres responsable de que sea feliz. Y decirle que no vas a ser durante más tiempo el responsable de su felicidad no significa que hayas dejado de quererle. Todo lo contrario, precisamente porque le quieres, le explicas lo que nadie le dirá. Que está victimizándose por cuestiones que debe resolver él. Y que, además, cuando lo logre, eso le hará sentir bien.

Esto debes comunicarlo con afecto, con cariño y haciendo ver a la otra persona que, de mantener el juego, en realidad, los dos estáis perdiendo, porque el vínculo que os une es tóxico, está basado en la dependencia psicológica activada mediante la culpa, cuando debería estar basado en la libertad y la solidaridad.

Si la otra persona no lo quiere entender y aun así decide enfadarse, retirarte la palabra o calificarte de egoísta, incumplidor, desleal o de no ser de fiar, entonces es mejor darte la vuelta y marcharte. En realidad, están tratando de volver a activar el mismo resorte. Y, cuando pase un tiempo, el otro, porque en realidad, en el fondo de sí, sabe que estaba tratando de asignarte una culpa inexistente, recapacitará y regresará. Sucede casi siempre si la otra persona tiene un mínimo grado de madurez. Y si no sucede nunca, puedes alegrarte de haberte apartado de alguien que solo te habría querido a su lado si ibas a asumir sus incapacidades.

La preciosa «Rima XXXIII» de Gustavo Adolfo Bécquer ilustra a la perfección esta cuestión:

Es cuestión de palabras, y, no obstante,
ni tú ni yo jamás,
después de lo pasado, convendremos
en quién la culpa está.

¡Lástima que el amor un diccionario
no tenga dónde hallar
cuándo el orgullo es simplemente orgullo
y cuándo es dignidad!

...

Reasignar una responsabilidad a su propietario requiere TIEMPO Y UNA EXPLICACIÓN DESDE EL RESPETO MUTUO.

...

DI ADIÓS A LAS CULPAS INEXISTENTES

¿Las consecuencias de un no a tus culpas inexistentes? Una gran liberación de tiempo, de las responsabilidades que no te tocan y, si la otra persona lo acepta, evoluciona y madura, la relación con dicha persona se torna adulta y sana, deja de ser tóxica, abandonando una dependencia psicológica.

El problema es que, en algunas ocasiones, el vínculo creado con esa dependencia te ha producido adicción, una especie de confirmación de culpas y responsabilidades que apuntala creencias sobre ti mismo.

La atribución (véase capítulo 6) y la culpa van a menudo asociadas.

Liberarte de una culpa ajena es romper una simbiosis. Tan simple como eso. Una relación simbiótica es aquella en la que la carencia psicológica de uno produce una reacción en el otro que lo lleva a renunciar a su propia libertad o dignidad. En cada caso, ambas personas obtienen un aparente beneficio. El primero ve confirmado que su carencia requiere una ayuda externa y que, por tanto, él es alguien a quien rescatar, que ser salvado. Ser víctima es tremendamente rentable, porque te exime de toda responsabilidad. Y comprobar que el otro acepta que uno es víctima te permite confirmar su supuesta incapacidad: debe ser ayudado. Pero la realidad es que no es así.

Responsabilizarte de otro adulto que debería hacerse cargo de sí mismo te genera una obligación, una carga que en realidad no deseas, pero, aunque parezca una contradicción, también te produce dos réditos. Y por eso, en parte, decides asumirla. Veamos cuáles son esos réditos.

Por un lado, te permite ejercer el papel de salvador, reproduciéndose el esquema aprendido en el que una autoexigencia excesiva va a conducir a una perfección que (supuesta, pero erróneamente) anulará tu sentimiento de culpa por el sufrimiento ajeno.

El segundo beneficio es el ejercicio del poder. En la medida en que el otro depende de ti, tú adquieres poder, te haces imprescindible. En realidad, es un falso poder. Es un poder que el otro, sin tú percatarte, te regala, porque el ejercicio de ese poder consiste, en realidad, en que le hagas un inmenso favor. Gracias a que te permite hacer por él lo que él debería hacer por sí mismo, te está dando la posibilidad de sentirte poderoso. Es de locos. Pero así son los juegos de salvación orquestados a través de las culpas inexistentes.

Si bien en una relación tóxica hay un aparente equilibrio, es insostenible. Los beneficios recíprocos de la simbiosis entre dos personas tienen fecha de caducidad. A corto plazo, se produce un primer momento de placer. «Me has ayudado.» «Te he salvado.» Sí, pero el náufrago sigue en el agua. Deberás volver a rescatarle. Y otra vez. Y otra. Y otra. Toda la vida. Porque no estás ante un rescate, sino ante un juego. Hasta el más tonto se da cuenta de que el rescate no culmina nunca. Y aquel a quien estás supuestamente salvando acaba por ser consciente de que no estás rescatándole, sino que tu aparente poder es, en realidad, servilismo o esclavitud. Su rescate nunca lo es del todo. Por tanto, se pregunta: «¿Me está salvando?

¿Sabe? ¿Es incompetente? ¿Me quiere de verdad?». Y llega a tener la sensación de que está sacrificando su vida por dejar que le ayudes, sabiendo que no lo lograrás. Y es cierto, no lo lograrás, porque uno solo puede salvarse a sí mismo. Pero como no lo acepta, te culpará a ti.

Resultado, los dos mal. Y todo por responsabilizarte de lo que es una obligación ajena e intransferible.

La fantasía de muerte que existe al romper una simbiosis es clave; por eso, muchas personas arrastran durante años relaciones destructivas. Porque existe la fantasía de que, si te separas, el otro morirá y la culpa es aún mayor.

Por eso es tan importante desvelar estos juegos. Por eso has de cancelar urgentemente las culpas inexistentes. Uno, no conducen a nada. Y, dos, tu llave ganada tiene que ver con el deseo, el goce y el disfrute, porque la culpa te lleva a la ausencia de deseo, a la tristeza y a la frustración, y, eventualmente, a la muerte lenta por una paz barata y por la inercia.

...

El no a una culpa inexistente
nos abre la puerta a...
LA LIBERTAD DE GOZO.

...

CLAVES PARA LOGRAR LA LLAVE DEL DISFRUTE

1. Identifica y describe situaciones en las que, al explicarte un problema o al observar que alguien sufre, no puedes sostener su sufrimiento y se activa en ti una especie de resorte que te lleva a prestarle ayuda para dejar de verle sufrir.

2. A continuación, anota si en alguna de esas situaciones has acabado por asumir responsabilidades excesivas de las que te has dado cuenta después de ofrecer tu ayuda. Es decir, si has sentido una especie de arrepentimiento por haber adoptado un compromiso que, en el fondo, no querías asumir.

3. Trata de recordar si esa situación acabó produciendo un conflicto o la decepción en la otra persona, a la par que tú te sentiste herido por recibir un reproche, encima de que habías prestado una ayuda que otros no habían ofrecido.

4. Trata de pensar ahora cuál es la ayuda a la que realmente podías haberte comprometido y compárala con la que ofreciste.

5. Finalmente, trata de visualizar, en caso de que hubieses decidido no prestar ayuda alguna, qué le habría pasado, incluso en el peor de los casos, a la otra persona, y cómo ella, por sí sola, lo habría resuelto.

Estas son algunas preguntas que puedes hacerte:

- ¿Son esas mis responsabilidades?
- ¿Es justo que yo tenga que ocuparme de eso?
- ¿Por qué me culpan de eso, basándose en qué?
- ¿Me piden ayuda o me hacen responsable?
- ¿Se me exige más de lo debido?
- ¿Por qué he asumido yo esa culpa?
- ¿A quién estoy salvando y de qué?
- ¿Cómo me hace sentir ser un salvador?
- ¿Qué beneficios positivos y qué consecuencias negativas obtengo cargando con esa culpa?
- ¿Por qué estoy enganchado o atrapado en el juego de asumir responsabilidades que no me son propias?
- ¿Al hacerlo, qué hueco estoy llenando?

LA LLAVE DEL DISFRUTE EN DIEZ MÁXIMAS

Las culpas inexistentes impiden la llave del disfrute.

* * *

Las palabras claves son «responsabilidad no atribuible».

* * *

La culpa inexistente impide el disfrute.

* * *

La culpa inexistente se manifiesta en tristeza.

* * *

La culpa inexistente se anula aprendiendo a sostener el dolor ajeno.

* * *

Al liberarte de una culpa inexistente,
los demás se victimizarán para que sigas
salvándolos.

* * *

Renunciar a una responsabilidad no atribuible
no es egoísmo, porque no supone abandono.

* * *

Reasignar una responsabilidad a su propietario
requiere tiempo y una explicación desde
el respeto mutuo.

* * *

El no a una culpa inexistente nos abre la puerta a...
la llave del disfrute.

...

Di no a tus culpas inexistentes y
CONQUISTA LA LLAVE DEL DISFRUTE.

...

CAPÍTULO 5

LA LLAVE DE LA ENTREGA

QUINTA CELDA

El rey se dio cuenta de que Ibrahim había hallado algo, un hilo del que tirar. Lo veía en la expresión de sus ojos y en la especial atención que ponía. Así que prosiguió con la narración del enigma.

***

El hombre avanza por el pasillo y oscuro hasta la quinta de las celdas. En el interior, halla a un hombre con aspecto cansado y preocupado que cuenta unas marcas realizadas en la pared de su celda:

—13.500, 13.501, 13.502...

—¡Oiga, oiga! —grita el habitante del palacio.

—Vaya, ¡me he despistado! —exclama enfadado el prisionero—. Y ahora, ¿qué quiere usted?

—Verá, tenemos que salir de aquí. Todos. Esto no tiene sentido alguno. El primero de los prisioneros cree que las llaves de las celdas se destruyeron o ya no existen; la segunda prisionera, que ustedes permanecen encerrados por precepto normativo; el tercer prisionero, que nada de lo anterior es cierto y que lo más seguro es permanecer encerrados; la cuarta, que ella tiene la culpa de no recordar la ubicación de la llave y..., y..., ¿y vos?

—¡Oh, tonterías! Nada de lo anterior es cierto. Bueno, al menos en mi caso. Mi caso es mucho más simple. Estoy pagando una deuda. Hicieron algo por mí, un gran acto de entrega desinteresada y generosa. Esa persona, a quien tanto debo, que tanto me quería, me ha pedido ahora que yo haga algo por ella. Me quería y se sacrificó por mí. Me toca ahora a mí sacrificarme. Y por eso estoy aquí.

—Pero ¿tanto fue lo que hicieron por vos? ¿Cuántos años lleva encerrado?

—No lo recuerdo. Hace tanto tiempo...

—¿Y cuántos años más debe permanecer?

—Tantos como esa persona necesite. Me hizo un gran favor. Fue una gran demostración de afecto.

—Pero ¿vos queréis estar aquí dentro?

—No, claro que no. Pero me salvaron la vida.

—Pero si le salvaron la vida, ¿tiene sentido que dé toda su vida a cambio?

El prisionero se queda mirando a su visitante.

—Bueno, supongo que no será toda la vida. Por eso cuento los días. Algún día, esa persona por cuya deuda estoy aquí, regresará y me dejará libre.

—Verá, soy el único habitante de este palacio. La puerta principal está cerrada. Y aquí no puede entrar nadie.

—Bueno, eso no tiene nada que ver. Yo estoy en deuda. Cuando la deuda esté saldada, saldré.

—Bien, hagamos algo entonces. Si yo logro abrir la puerta, ¿creerá entonces que su encierro no responde a una deuda?

—Mmmmm... Sí, sí, claro. Pero eso no puede ser. La llave la tiene quien se entregó por mí. Así que, si esa persona se la entrega,

pues, de acuerdo, saldré. Ahora, déjeme tranquilo. He de seguir contando. ¿Por dónde iba? ¡Ah, sí! 13.502, 13.503, 13.504...

El habitante del palacio suspira hondo. Sabe que no hay nadie más en la edificación. Incluso si alguien, desde fuera, quisiera rescatar o liberar a alguno de los reos, no podría abrir la puerta.

* * *

El rey solicita un poco de agua. Necesita aclarar la garganta. Lleva mucho rato hablando. Ibrahim piensa para sí que el enigma de las siete llaves es, en realidad, francamente difícil, un juego de espejos.

ESCLAVOS DE DEUDAS NO CONTRAÍDAS

Alberto y Fermín se conocían desde que ambos cursaron su licenciatura en la Facultad de Veterinaria. Alberto era un tipo muy empático y meditativo, mientras que Fermín tenía un punto gamberro y divertido. Fermín reconocía que en gran parte había superado los exámenes de su carrera por los excelentes apuntes que le prestaba Alberto. El mismo año que se licenciaron, a Fermín le tocó un muy buen premio de lotería, un millón de euros, y pasó de la noche a la mañana a tener en su cuenta dinero suficiente como para invertir en un par de pisos, comprarse un coche de gama media-alta y disponer de unos buenos ahorros en el banco. Pero Fermín no supo gestionar bien ni el golpe de fortuna ni su vida. En lugar de seguir formándose y buscar trabajo, decidió vivir de las rentas que le daban ambos pisos en alquiler e ir gastando poco a poco los ahorros que le quedaban. «La vida hay que vivirla», decía a todos sus amigos, y él mismo se definía como un *bon vivant*.

Alberto, por su parte, se siguió formando, hizo el doctorado en Veterinaria y abrió su propia clínica en el pueblo donde había veraneado toda la vida y donde no había otro veterinario. Cuando la abrió, el propio Fermín se ofreció a prestarle diez mil euros para que no tuviera que endeudarse tanto con el banco, pues abrir esa primera y modesta consulta veterinaria le costaba cincuenta mil euros en total. «Yo me he sacado la carrera gracias a tus apuntes y a tu generosidad. Devuélvemelos cuando puedas, sin prisas, que yo tengo pasta de sobra», afirmó Fermín a su amigo.

Alberto trabajó muy duro y le fue muy bien. Tanto, que en dos años había devuelto el préstamo al banco y a Fermín, en ambos casos con intereses que su amigo aceptó de buen grado. Siguió trabajando tenazmente y en diez años había abierto diez clínicas veterinarias, ocho de ellas bastante grandes, y contaba con más de sesenta trabajadores en total.

En esos diez años, Fermín, por el contrario, había caído en la holgazanería, había dejado de estudiar, no contaba con experiencia y se había gastado el dinero en «ligues y juergas», como él mismo decía. Su nula planificación financiera le había forzado a malvender los dos pisos que tenía y de cuyas rentas vivía, y lo peor es que había acumulado una deuda de más de cien mil euros.

Fue entonces cuando una noche de diciembre llamó a Alberto, justo antes de cenar, y le pidió que le prestara esos cien mil euros: «Cuando pueda, igual que tú me devolviste los diez mil que te presté, te los devolveré, pero no me puedes dejar en la estacada. Ahora eres rico gracias a mí», afirmó Fermín. Alberto sabía que Fermín siempre jugaba con la manipulación emocional a través de medias verdades para hacer sentir en deuda al otro. Era un especialista en ello. Tan seductor como manipulador, tan divertido como egocéntrico, tan transgresor como holgazán y tramposo. Era evidente que, a diferencia de Alberto, Fermín no necesitaba el dinero para hacer una inversión, sino por ser manirroto, un golfo, y por haber caído también en el vicio del juego. Los bancos no confiaban en él, y por ese motivo tenía que ir pidiendo a sus afectos y amistades el dinero que le permitiera saldar su deuda. Por otro lado, cien mil euros era una cifra muy grande que Alberto no podía permitirse entregar, porque cada mes los costes de mantenimiento tanto de sus clínicas veterinarias como del personal eran altos, y él se financiaba con sus ahorros y beneficios.

Alberto argumentó a Fermín: «Tú me prestaste diez mil euros que te devolví con intereses y en dos años. Aquí tienes veinticinco mil euros, a fondo perdido, te los regalo, Fermín. Pero cambia de vida ya, porque tu estilo de vida es insostenible y sabes que quien te preste los cien mil euros los va a perder. Hace años que los que te apreciamos te venimos diciendo que la vida que has llevado era insostenible». La respuesta de Fermín fue extremadamente violenta en forma y fondo: «¡Eres un egoísta, un cínico, un arrogante! No tienes nada de amigo. Me dejas en la estacada, tirado como a un perro abandonado a mis cincuenta y tres años. ¡En realidad, no me prestas el dinero porque me tienes envidia, porque querrías haberte dado la vida que yo me he dado! Puedes meterte tu regalito donde te quepa. Veinticinco mil euros son una miseria para el importe que necesito. ¡No los quiero ni regalados!». Cada palabra de Fermín destilaba altanería, orgullo, arrogancia, pero también envidia y odio. Una retahíla de argumentos de mal gusto y una desubicación total de la realidad que Alberto encajó con silencio y elegancia.

Cuando Alberto colgó, estaba muy afectado. Su mujer

le preguntó qué había pasado. Alberto le relató la llamada una vez ya sentados en la mesa para cenar. Pero antes de dar el primer bocado, le dijo a su mujer: «Me siento egoísta y culpable. Quizá sí que debería ayudar con cien mil euros a Fermín. O cincuenta mil. No lo sé, veinticinco mil tal vez no le sirvan realmente...».

Alberto tiene su capacidad de entrega muy condicionada. La llave de la entrega incluye la libertad de asumir obligaciones de forma desinteresada y voluntaria, de hacer favores, de darse y entregarse sin esperar nada a cambio. Fermín ha logrado dar en el punto débil de Alberto: su generosidad, su bondad y empatía. En realidad, hay personas que saben vivir de ello: generan deudas inexistentes, no contraídas, y juegan con la buena fe de la buena gente.

...

LAS DEUDAS NO CONTRAÍDAS
impiden la llave de la entrega.

...

¿QUÉ ENTENDEMOS POR DEUDA NO CONTRAÍDA?

Una deuda no contraída es un apunte en el «haber» que no te corresponde, es la obligación de retornar un supuesto favor o sacrificio a otra persona en forma de tiempo, dedicación, dinero, renuncia o afecto.

Una deuda no contraída es asumir el pago por un crédito existencial que no has solicitado. Es heredar unas cargas que no te son propias. Es asumir una hipoteca existencial que nunca firmaste.

Por ejemplo, la hija que cuida a la madre toda la vida porque siente que le debe la vida. El amigo que te hace un pequeño favor y luego te pide un gran favor en retorno porque «le debes» esa ayuda que te prestó (que en realidad no era tal favor, sino un préstamo existencial con un tipo de interés abusivo), aunque el saldo sea cualitativamente muy distinto.

Las personas que te hacen sentir obligado a devolver una deuda pueden ser de variada índole. Desde personas con las que tienes relación profesional hasta amigos y, especialmente, familiares. A mayor proximidad sanguínea, más habituales son este tipo de deudas y mayor es también la dificultad para deshacerlas.

Veámoslo en detalle.

En un extremo, están los colegas, jefes, clientes o proveedores, con quienes tus relaciones son más contractuales, más objetivas y suelen estar desprovistas de lazos, recuerdos emocionales o afectos que empañen la cuestión. Las profesionales son relaciones normalmente basadas en lógicas retributivas, en acuerdos de mutuo interés, en obligaciones laborales e intercambios de orden mercantil. Pero aun así, también este encasquetado de deudas no contraídas se da. Por ejemplo, «Como me he ocupado de este asunto tuyo o te he hecho este favor, ahora tú tienes que hacerme este otro favor»; «Como, gracias a mí, te ascendieron, ahora debes hacer esto por mí»; «Este trabajo lo encontraste gracias a mí, así que, por favor, te pido que te mojes en este otro asunto por mí».

Con amistades y, especialmente, con familiares, las deudas no contraídas están más extendidas que el sarampión. Y pueden tener mucho calado: «Como yo me ocupé de ti cuando eras pequeño, tú ahora tienes la obligación de ocuparte de mi vejez». En ciertas ocasiones, la construcción de la deuda va mucho más allá y adquiere un carácter estructural y eterno: «Yo te di la vida, ¿puedes hacer esto por tu padre?». No son frases inventadas. Son frases habituales. Lo de «yo, que te di la vida» es lo máximo de lo máximo, porque es una aparente deuda imposible de satisfacer. ¿Qué has de hacer como hijo si te dicen algo así? ¿Entregar tu vida a cambio, como el prisionero del enigma de las siete llaves? ¡Sería la única forma de saldar la deuda! «Toma, padre, te entrego la vida que me diste.» En tal caso, ¿para qué concibió tu padre tu vida?, ¿para que sirviera a su propósito? Veamos que el máximo acto de amor, si se hace con conciencia, concebir una vida, se torna en el máximo acto de egoísmo: trasladarte una deuda cuyo valor asciende al total de tu propia existencia.

Como ves, las deudas no contraídas van desde lo más nimio, un favor puntual o recurrente, hasta el pago con una vida entera.

Un *quid pro quo* sin aviso previo ni negociación.

Es el vicio de reprochar un sacrificio voluntario pasado. Ese «yo me sacrifiqué por ti» del padre al hijo. O «yo renuncié a mi carrera profesional por ti» de la madre al hijo. O determinadas renuncias que tus seres queridos hicieron, supuestamente, por amor hacia ti.

Por amor.

Por eso se hicieron, ¿no es así? Pues entonces estarás de acuerdo en que quien por amor algo hace no puede hacer de su entrega pasada un compromiso futuro. Porque entonces no estás ante una entrega, estás ante un préstamo. La palabra lo dice claramente: *entrega*. Lo que te dan sin esperar ni pedir nada a cambio. Y menos aún al cabo de los años.

Lo que no te entregan, te lo prestan. Así que, si quien supuestamente te entregó algo ahora te lo reclama, en realidad no te lo dio, sino que te lo prestó a interés de usura. Y, además, sin advertírtelo. Doble engaño: modificación de la naturaleza de la acción pasada y ocultación de la carga que asumías cuando aceptaste una ayuda que suponías altruista y generosa.

En su libro *Influencia. Ciencia y práctica: cuáles son los factores determinantes para que una persona diga sí a otra persona*, Robert Cialdini[8] nos introduce en el denominado *principio de reciprocidad*. Este principio parte de una premisa muy simple y humana: las personas, por lo general, se sienten obligadas a devolver los favores que les han hecho. Es algo inherente a la condición humana y se da en múltiples épocas y lugares.[9] Saber jugar con este sentimiento de

8 Barcelona, J. M. Sastre Vida, 1990.

9 «*El Padrino* y la reciprocidad como estrategia de persuasión», 30 de mayo de 2014, <www.raciocine.net/cinreflexion/2014/5/29/el-padrino-y-la-estrategia-de-reciprocidad>.

obligación es, como explica Cialdini, una gran forma de poder e influencia.

...

Las palabras claves de una deuda no contraída son «COMPROMISO NO ADQUIRIDO».

...

EL PELIGRO DE NO DAR LIBREMENTE

Las consecuencias para ti de la ausencia de la llave de la entrega por asunción de deudas no contraídas son varias.

Por un lado, das carácter de obligatoriedad a unas peticiones que no son necesariamente exigibles. Haces tuya una obligación, una deuda, la devolución de algo que te entregaron sin tú pedirlo en su momento.

La incapacidad de otras personas para reconocer que hicieron algo porque quisieron, libremente, y no a cambio de algo, se convierte, de pronto, en una hipoteca que debes devolver.

A quien utiliza un favor no solicitado, una falsa entrega voluntaria, un manipulado acto desinteresado para exigirte más adelante algo, le corresponde el apelativo de *chantajista emocional* o *manipulador emocional*, por lo menos. Tal cual.

La persona que da libremente ha de respetar tu libertad de retornar lo recibido.

Una deuda no contraída hipoteca tu vida por los créditos no saldados de otros. Los que generan deudas no contraídas en los demás se podrían llamar *falsos salvadores*. Gente que «va de buena» por la vida, aparentando que se entrega a los demás, pero luego exige que le devuelvan el favor, el regalo, el detalle, el «buen gesto». Es, en el fondo, una actitud mafiosa, porque, en realidad, ese falso salvador es un perseguidor implacable. Lobos con piel de cordero. Así que has que andar con mucho cuidado con lo que en el lenguaje popular se conoce como *regalos envenenados*.

Otra de las consecuencias de la exigencia de una deuda no contraída es la aparición de un conflicto en tu vida. Si aceptas como válida esa deuda, asumirás unas obligaciones que, sin presión emocional, no habrías aceptado.

Es un sentimiento de injusticia y un atentado contra tu propia libertad de entrega. Me dirás que, si ayudas a tus padres, socorres a tus hijos adultos o das cobijo a un amigo sin recursos, estos son actos encomiables. Y nosotros te decimos: sí, siempre y cuando lo hagas de corazón y sin presión. Pero si lo estás haciendo por un chantaje emocional, fruto de compromisos no adquiridos por ti, dejan de ser encomiables. La caridad es voluntaria y sin expectativa de retorno. En caso contrario, no es caridad.

Sabes que estás siendo «exigido» porque experimentas este sentimiento: que estás haciendo algo que no deseas para no perder el afecto de un ser querido. Para no poner en riesgo una relación. Te sientes confundido. Te resulta difícil saber hasta qué punto estás siendo egoísta. Tu dificultad de discernir con claridad en estos casos proviene de un pequeño y hábil juego de prestidigitación.

El otro ha trocado *amor* por *favor*.

«Hice en el pasado algo por ti porque te quería. Ahora te pido que tú hagas algo por mí»: es un auténtico juego de trileros. «Si no haces algo por mí, significa que no me quieres. Y puedo afirmarlo porque yo, que te quiero, sí lo hice por ti.»

Terrible.

Por eso se llama *chantaje emocional*. Porque se chantajea con el afecto. Pretenden hacer del favor solicitado una prueba de amor. Y el amor verdadero no necesita de estas cosas. El amor verdadero se demuestra cuando niegas un favor y tú sigues amando porque, sencillamente, el otro acepta que no quieres o no puedes efectuar lo que te piden, por mucho que el otro lo precise. Exigir un favor, o el retorno de un favor, es una forma de abuso, de sometimiento, y eso no es amor.

Podrán decepcionarse, podrán haber esperado lo contrario, podrán incluso perder su aprecio por ti, pero no forzar tu aceptación por no confrontarte con la posibilidad de un desafecto.

Tu aceptación de este tipo de chantajes emocionales pervierte y destruye relaciones afectivas y relaciones personales de toda índole. Sobre todo, porque los favores y las renuncias con los que transijas por obligación y bajo coacción emocional son insostenibles en el tiempo. Sin entrega voluntaria no hay sostén. Tu voluntad es el motor de tu motivación. Y, en el caso de tus sacrificios, la motivación que precisas es muchísimo mayor que en otros ámbitos.

Si asumes obligaciones así, más pronto que tarde experimentarás que tus ánimos van decayendo y llegará un momento en que te sentirás extremadamente mal, porque te darás cuenta de que te sientes incapaz de seguir ayudando a la persona a la que supuestamente aprecias. Entras en una profunda contradicción y en un extraño sentimiento de culpa: estás dejando de querer a quien prestas ayuda. Es destructivo.

Las consultas de los psicólogos están llenas de personas que arrastran un peso tremendo por un ser querido al que no pueden «dejar en la estacada» y que, incluso, a veces, está arruinando, acabando con su propia vida.

Te hallas en un estado de sacrificio por obligación al que no sabes cómo decir que no. Porque de seres queridos es de lo que se trata. ¿Cómo vas a decepcionar a quien tanto hizo por ti de forma «desinteresada»? No puedes fallar ni desistir.

Es un planteamiento perverso.

La llave que anula una deuda no contraída es la de la entrega. En el fondo, esta llave es la libertad de amar de la forma que uno puede o quiere hacerlo.

No te pueden exigir que demuestres tu afecto con las pruebas y las acciones que otros determinan. Eres libre de querer como quieres, puedes o sabes. Y a ti te corresponde decidir si eso es suficiente o no para sentir el afecto de esa persona. Pero bajo ningún concepto te pueden imponer cómo quieren que los ames. Eso es pisar tu libertad de entrega.

...

Una deuda no contraída
INHIBE LA ENTREGA LIBRE.

...

DECIDE TU NIVEL DE ENTREGA Y SACRIFICIO

Para saber si estás en una tesitura así, observa si sientes estupor. El estupor que te produce la obligación que la otra persona te plantea como retorno del favor dado. De repente, la persona que parecía que te quería te exige una contraprestación, un pago que «debes» realizar, porque, si no lo haces, te hará sentir mala persona y, además, disparará contra tu reputación social, o incluso puede llegar a manifestarse violentamente.

No comprenderás nada. De pronto, te sientes incluso culpable de haber recibido ayuda en el pasado. Lo que te pareció un maravilloso acto de entrega que por ti hicieron y que te hizo sentir querido, se quita una máscara y se te muestra en forma de carga. Es como la bruja de Blancanieves. Tiene apariencia de ser la más bella, pero detrás se esconde el horror. Cuando bebe la poción, se muestra su verdadera esencia.

El amor disfrazado de deuda te produce indignación y decepción. Y mientras te estás sintiendo profundamente engañado, te están mirando a los ojos esperando que demuestres tu amor. La hipocresía hecha realidad.

Porque eso es lo que has descubierto: lo que el otro hizo por ti le significó una carga, pues está pidiendo que seas tú quien ahora la asuma. La sorpresa es total. He aquí el estupor. Cuando esa persona se entregaba a ti no debía estar sintiendo satisfacción alguna en su interior. Todo lo contrario: lo que parecía que era una ayuda a un ser amado, era en realidad tu firma de una hipoteca. Tu sentir es que esa persona acumulaba un crédito en ti como futuro deudor.

Y, finalmente, lo que va a quedar en entredicho entre vosotros es el afecto recíproco. Como no sabes si esa persona te apreciaba de verdad –y dado el sentimiento negativo que experimentas–, ahora dudas si realmente aprecias a la otra persona, pues te sientes incapaz de darle lo que te está pidiendo.

Las manifestaciones típicas que sentirás son cansancio, dificultad para encarar el día, sensación de carga y sentimiento de ausencia de libertad. No eres libre para decidir. No eres libre para establecer cuánta entrega o sacrificio quieres dar a los demás.

No eres libre para amar.

. . .

La deuda no contraída se manifiesta EN SENSACIÓN DE CARGA Y PRIVACIÓN DE LIBERTAD.

. . .

CÓMO ANULAR UNA DEUDA NO CONTRAÍDA

¿Cómo se solucionan estos conflictos? Desvelando el juego.

Dejando claro que no hubo ningún tipo de compromiso previo que justifique una obligación posterior. Debes demostrar que lo que en el pasado se hizo fue porque ambas partes así lo quisieron en aquel lugar y momento, sin más. Fue una entrega libre y un acogimiento de esa entrega también libre. No hay deudas adicionales.

Debes explicitar de forma abierta y sin ambages el agradecimiento por lo recibido, pero también la voluntariedad de lo entregado. Y es preciso aclarar que no aceptar que esa entrega anterior constituya una deuda actual no significa que no sientas aprecio por la otra persona, sino que esta debe respetar tu libertad de entregar lo que quieras o puedas. Si la otra persona deduce entonces que no la aprecias lo suficiente, entonces está iniciando el chantaje emocional y no debes entrar al trapo. Hay que cortarlo de cuajo.

Claro, aquí, escrito en un libro, parece muy sencillo. Pero si tu madre te dice que cuando eras pequeño ella te dio de comer hasta valerte por ti mismo y ahora que ella es mayor debes ir a darle de comer todos los días..., ¿cómo puedes afrontar ese «no»?

Pues con firmeza y con amor. No se trata de dejar a tu madre sin comer. Nadie con un mínimo de caridad deja a una madre tirada. Pero hay veces que la solicitud va más allá de dar de comer: te está pidiendo compañía, presencia constante, atención psicológica a través del «dame de comer». No debes confundir la lealtad debida con la esclavitud forzada.

Y si no fuera ese el caso y en verdad solo se tratase de dar de comer, has de encontrar soluciones, claro está. Pero no diseñadas a través del chantaje emocional ni del recuerdo de la papilla y la cuchara de cuando fuiste un niño. Podéis repartir la tarea entre varios hermanos o familiares, incluso contratar a un cuidador. No se trata de que dejes a nadie en la cuneta, sino de que puedas decidir libre y voluntariamente cuánta ayuda y sacrificio quieres y puedes prestar. Y cuando no llegues, ver cómo puedes solucionar el asunto, pero nunca basándote en favores previos. Únicamente en las razones objetivas y adultas. La necesidad del otro, en el aquí y el ahora, contrastada con tus posibilidades y deseos libres, en el aquí y el ahora.

En este sentido creemos que es bueno desproveer de emociones el conflicto cuando percibes que hay una clara manipulación emocional procedente de la otra parte. Su necesidad y tu deseo en un punto de equilibrio adecuado, sin desajustes movidos ni por tu culpa (el que se siente en deuda) ni por el egoísmo del otro (que exige el pago de una deuda inexistente). No hay nada más.

...

La deuda no contraída se anula DEMOSTRANDO LA INEXISTENCIA DE UN DEBER.

...

SI SE QUIEREN INDIGNAR, QUE SE INDIGNEN

Cuando rechaces las deudas no contraídas, lo habitual es que el falso salvador aumente el nivel del juego y pase, de entrada, a ponerse en el papel de víctima. El movimiento habitual es: 1) salvador («Yo te ayudé en el pasado»);

2) víctima («Ahora me dejas en la estacada»); 3) perseguidor («Si no haces lo que te pido, te retiro mi afecto y, además, se lo pienso contar a quienes nos conocen»).[10] Si como víctima no consigue crear una simbiosis contigo y que le devuelvas con creces la falsa deuda, entrará a perseguirte y a machacarte, en ocasiones de manera hostil y agresiva, incluso.

La otra persona insistirá en el origen de tu deuda ahondando en el chantaje emocional, el cual alcanzará su culmen al decirte que se arrepiente de todo lo que hizo por ti en el pasado. Ese será el momento más doloroso, porque, en el fondo, te está retirando su afecto. Si esa es la reacción y ahí se queda la persona, al igual que hemos explicado en el capítulo de las culpas inexistentes, solo te queda dar media vuelta e irte. Apartarte.

Lo normal es que, con el tiempo, si de verdad la otra persona te quiere o te aprecia, reconozca su error y la injusticia de haberte atribuido el peso de la carga de algo que entregó de forma libre y no exigida por ti en el pasado. Podrá decirte que esperaba otra cosa, que le supo mal, pero si desea que la relación perdure entre ambos, pondrá por delante la relación a la decepción.

Decepciones se tienen continuamente. Pero que una decepción se traduzca en el final de una relación es otra cosa. Entre personas sensatas, siempre que la decepción

10 Hay varios libros que abordan el concepto enunciado por Stephen Karpman llamado *triángulo dramático*, que da lugar a los juegos entre los roles que asumimos los seres humanos de salvador, víctima y perseguidor. Entre ellos nos permitimos recomendar la lectura de Gill Edwards, *El triángulo dramático de Karpman*, Madrid, Gaia, 2011.

no sea de órdago, las pequeñas (o grandes) desilusiones sirven para resituar la relación, lo cual no tiene nada de malo. Muy a menudo, el problema no es la acción o la inacción del otro, sino la expectativa que tú pones en él. Casi todas tus decepciones parten de un problema de expectativas y no tanto de una afrenta o una desatención.

Lo mejor que puede hacer quien haya experimentado una decepción o bien tenga la sensación de que no le has dado tanto como él te dio es revisar sus propias expectativas, entender que tu respuesta no está relacionada necesariamente con el amor o el afecto que sientes por él, sino con otras variables o limitaciones que puedes tener. Y, finalmente, si es preciso, será necesario que esa persona resitúe la relación en su justa medida.

A veces, no puedes dar tanto como el otro te ha dado. No te pueden obligar a ser «tan santo» como otro ha querido ser.

Recordamos a un familiar directo, ya fallecido, de uno de los dos autores. Era una persona que hacía siempre mucho por los demás. Y recibía el agradecimiento y la amistad de aquellos a quienes se entregaba. Pero tal era su entrega que cuando la otra persona había de hacer un gesto en sentido contrario, se sentía siempre decepcionado. Se disgustaba y, como era una persona que no podía esconder sus sentimientos, así se lo hacía saber a la otra persona. Casi siempre, la incómoda situación acababa en una discusión o en una relación de amistad rota o maltrecha para siempre. La indignación instalaba la desconfianza. En un futuro, toda ayuda iba a ser medida con un rasero y, al final, sus amistades desconfiaban de lo que recibían y temían por lo que buenamente daban.

. . .

Al liberarte de una deuda no contraída, los demás SE INDIGNARÁN.

. . .

Y no creas que actuar así, es decir, no seguirle el juego al chantajista emocional, es ser egoísta, sino todo lo contrario. Creemos que la distinción entre egoísmo y altruismo te habrá quedado, a estas alturas, clara.

Sin embargo, hay algo muy importante que te conviene no olvidar: no aceptaste un compromiso cuando alguien hizo libre y voluntariamente algo por ti. Cuando alguien te hace aparentemente un favor y tú lo recibes, tú no estás firmando un contrato de devolución con intereses. La no aceptación del compromiso, la ausencia de una póliza de crédito en forma de favor pasado, te libera de toda atribución de egoísmo.

Podrán decirte que esperaban más de ti. Podrán decirte que su expectativa era otra. Podrán decirte que, de saberlo, en el pasado, no te hubiesen prestado tanta ayuda. Podrán decirte que te retiran la amistad o el afecto. Te dirán que les has decepcionado. Jugarán a que te sientas en deuda y culpable. El otro, que piense y que diga lo que quiera. Pero lo que no puede recriminarte es que no devolver una entrega previa que te hizo desde el desinterés te convierte en egoísta por no tener el mismo grado de entrega.

Ten en cuenta esto: la situación nunca es la misma; las personas no son las mismas; las circunstancias en las cuales estabas cuando, en un momento dado, te hicieron un eventual favor pueden no ser las mismas un tiempo después; y la valoración que haces de la «cantidad» de ayuda que debes prestar a otro puede también ser distinta.

Por ejemplo, no es lo mismo que alguien te entregue desinteresadamente un dinero después de un accidente que te ha impedido trabajar para ayudarte, que negar ese dinero tiempo después a esa persona si ha caído en la ludopatía o, sencillamente, se ha dedicado a dispendios exagerados y a una dejación de responsabilidades patrimoniales.

«Yo te di dinero cuando lo necesitaste», te dirá.

Te respuesta es sencilla: «Yo no te pedí ese dinero. En cualquier caso, te agradezco la ayuda prestada. Te di y te daré siempre las gracias. Pero eso no tiene nada que ver con lo que tú me estás pidiendo ahora. Tu situación es distinta y darte dinero es lo peor que puedo hacer ahora por ti. Puedo ayudarte de otro modo».

...

Renunciar a una deuda no contraída no es egoísmo, PORQUE NO HUBO ACEPTACIÓN DE COMPROMISO FUTURO.

...

TU NEGATIVA NO TIENE NADA QUE VER CON TU AFECTO

Parte de una premisa: cuando una persona te pide ayuda es porque, en principio, la necesita. Puede que haya un abuso o que te esté endosando una responsabilidad que no te toca. Eso lo hemos analizado en otro capítulo. Pero asumamos la presunción de inocencia. Alguien con quien tienes una relación afectiva precisa tu ayuda, del tipo que sea: económica, en forma de tiempo, de trabajo, de tarea o de esfuerzo. No importa, precisa tu ayuda.

La protección y la precaución cuando te realizan esa petición utilizando la deuda no contraída y desde el chantaje emocional es, precisamente, aislar los hechos. No caigas en el marco de referencia que te plantean: el marco emocional. Como antes hemos dicho, es conveniente dejar las emociones aparte. Ya hemos explicado que va a ser preciso un gran ejercicio de racionalización. No estás negando una ayuda, estás tratando de buscar una solución que puede, o no, pasar por ti, pero sin la presión de un compromiso pasado no adquirido, que es una exigencia inaceptable.

Lo primero es aclarar a la persona que vas a tratar de ayudar que la quieres y que, ya que ella también te ama y te aprecia, acepte que su petición es algo que vas a decidir basándote en el aprecio mutuo y no porque exista una obligación pasada. Se trata de utilizar los mismos argumentos, pero a la inversa:

—¿Me pides esto porque me consideras alguien que te aprecia o porque tengo que devolverte un favor?

Lógicamente, te responderán:

–Porque sé que me quieres o que puedo contar contigo, o porque estás y estarás siempre a mi lado.

–Bien, en tal caso, ¿te parece que piense cómo echarte una mano o cómo ayudarte a solucionar ese problema según mis capacidades y posibilidades, pero no movido por estar en deuda contigo? Pienso que lo que yo pueda hacer u ofrecerte ha de surgir de mi libertad. No de una obligación. ¿Te parece?

La respuesta que te den será con mucha probabilidad afirmativa.

Si así es, puedes añadir:

–Bien, entonces, como lo que yo te proponga y realmente puedo hacer por ti será fruto de mis posibilidades y capacidades, te pediré que ninguno de los dos convirtamos el que yo supere o quede lejos de tus expectativas en una valoración de cuánto aprecio siento por ti. ¿Estamos de acuerdo?

El mensaje implícito que estás dando es: «No podemos convertir mi respuesta a tu solicitud en una prueba de amor».

Por supuesto, puede que cuando llegue el momento de especificar y concretar tu ayuda, la expectativa del otro, aun así, no se vea cumplida. En tal caso, es fácil que observes en el otro una decepción, a pesar de las aclaraciones previas que le has realizado. Pero el terreno estará preparado.

¿Cómo reaccionar? Respondiendo con delicadeza y sin alterarte algo así:

—Esto es lo que puedo hacer por ti. Si esperabas más, lo lamento. Pero ya convinimos que nada tiene que ver con que yo te quiera más o menos. Ahora bien, si quieres interpretar eso por considerar mi aportación menor a lo que tú esperabas, yo no puedo hacer más que seguir manifestándote mi aprecio. No te abandono. Sencillamente, hago lo que creo que puedo comprometerme a hacer, cumplir y sostener en el tiempo.

Puede darse igualmente una situación indeseada y tensa, pero fíjate en que has sorteado la cuestión de la deuda no contraída. Has impedido el chantaje emocional.

Debes solucionar los juegos de deudas no contraídas desde una postura adulta muy racional, dejando claro que agradeces lo recibido, pero que eso no te hace ni acreedor ni esclavo. Es muy bueno mantener la calma, tener tus ideas definidas, distinguir lo que el otro está mezclando y aclarar las cosas para salir del juego.

Mantener la situación en un contexto adecuado te permitirá racionalizar la cuestión y que no te lleven a un terreno emocional y evaluativo: lo que puedes hacer por otro en un momento dado no está relacionado necesariamente con la cantidad de afecto que tienes por él. No has de confundir las expectativas que alguien tiene sobre ti con el afecto que le profesas. Los motivos por los que quizá no respondas a lo que se espera de ti pueden ser muy diversos. Incluso una madre tiene obligación de no dar droga a un hijo toxicómano durante el proceso de desintoxicación. ¿Significa que no le quiere? Decir que no o que te digan que no puede tener su origen en razones que el otro ignora. La madre del toxicómano no da a su hijo lo que él espera. Pero no lo abandona a su suerte ni significa que no lo quiera con todo su corazón.

...

Rechazar una deuda no contraída requiere DEMOSTRAR QUE NO ENTRAÑA ABANDONO NI DESPRECIO.

...

DI ADIÓS A LAS DEUDAS NO CONTRAÍDAS

¿Cuáles son las consecuencias de adquirir la llave de la entrega?

Vivirás libre de hipotecas y créditos psíquicos falsos. El amor no es un contrato de crédito. Liberarte de falsos salvadores que en realidad son perseguidores es salir de un juego que, de entrada, te convierte en víctima. Las personas con este tipo de estrategias de vínculo son altamente tóxicas, en muchos casos narcisistas y pequeños (o grandes) psicópatas.

Hay personas que lo hacen y no se dan cuenta; pero otras actúan a propósito. Y son las peligrosas. El narcisista («Yo soy el centro del universo y tú estás para servirme») o el gran psicópata (un perseguidor que hace de sus pequeños actos de ayuda motivos para hacernos sentir culpables, dependientes y en deuda) son perfiles de personalidad difíciles y peligrosos.

Este tipo de personajes son los típicos de las películas de mafiosos. Una de las más célebres escenas de la historia del cine es la de *El Padrino,* el momento en que Vito Corleone recibe la petición de realizar un ajuste de cuentas con tal de hacer justicia. Unos hombres han apaleado a la hija de Bonasera (que trabaja en servicios fúnebres) y este va a pedir venganza. Este es el célebre diálogo:

DON CORLEONE: Bonasera, Bonasera, ¿qué he hecho para que me trates con tan poco respeto? Si hubieras mantenido mi amistad, los que maltrataron a tu hija lo hubieran pagado con creces. Porque cuando uno de mis amigos se crea enemigos, yo los convierto en mis enemigos. Y a ese le temen.

DON CORLEONE: Bien. Algún día, y ese día puede que no llegue, acudiré a ti y tendrás que servirme. Pero hasta entonces, amigo, acepta mi ayuda en recuerdo de la boda de mi hija.

(*Don Corleone a uno de los suyos*) Que se encargue de esto Clemenza, con gente de mucha confianza que no se me entusiasme. Porque no somos asesinos, a pesar de lo que diga ese funerario.

Fíjate que a Vito Corleone inicialmente le molesta que Bonasera exija venganza. No. Corleone le pide que le demuestre su afecto y solo entonces le prestará ayuda. Luego le lanza un mensaje de psicópata puro: «Hasta el día en que te llame para que me devuelvas el favor, considéralo un regalo».

¡Qué quieres que te digamos! Al menos, Vito Corleone deja clara la temporalidad del favor. «En cualquier momento te pido que me devuelvas el regalo», afirma, y se queda tan ancho.

Lo de la entrega desinteresada reclamada después viene a ser el mismo acto mafioso, pero sin avisar.

Este tipo de psicópatas te generan estas falsas deudas de forma totalmente consciente para someterte y manipularte. Liberarte de narcisistas y psicópatas es una forma magnífica de cuidarte y de vivir en plenitud, porque son verdaderos parásitos psíquicos.

La llave que adquirirás es la de entregarte a los demás por voluntad propia y afecto, no en un *quid pro quo* que convierte tus relaciones supuestamente afectivas en relaciones de interés, de favores prestados y devueltos.

Hay algo fundamental, que es la libertad de dar, de entregar y de entregarse. La entrega es un acto de libertad. Un acto que te dignifica, porque te otorga la capacidad de dar sin esperar ni recibir nada a cambio. En el fondo, que te planteen una obligación desde una deuda no contraída consiste en arrebatarte tu libertad de entrega.

El altruismo es una cualidad esencial del ser humano, como las otras seis llaves que hemos recogido en este libro. Atribuirte deudas en forma de obligaciones es un acto egoísta, un cambio de reglas de juego, un truco de trilero en el que la necesidad ajena se transforma en tu obligación, pasando por encima de tus capacidades, de tu voluntad y de tu libertad de dar, de darte, de entregar, de entregarte al otro.

Una supuesta entrega libre se disfraza de obligación. Nada más denigrante. ¿Vas a llamar desinterés y entrega a una exigencia? Es uno de los mayores insultos a tu dignidad humana.

Es un tremendo error aceptar las expectativas ajenas en una prueba de amor. El verdadero amor nada espera.

Escribió Erich Fromm: «No se da con el fin de recibir; dar es de por sí una dicha exquisita».[11]

. . .

El no a una deuda no contraída nos abre la puerta a...
LA LIBERTAD DE DAR Y ENTREGARSE.

. . .

11 *El arte de amar*, Barcelona, Paidós, 2003.

CLAVES PARA LOGRAR LA LLAVE DE LA ENTREGA

Con el objetivo de ejercitarte en lograr la llave de la entrega, te proponemos un sencillo ejercicio:

1. Haz una relación de las personas que consideras que forman parte de tus afectos principales.
2. Anota si cada una de esas personas te ha exigido favores o te ha hecho sentir obligado a prestar una ayuda económica o en forma de tiempo o de favor.
3. Para responder la pregunta anterior, te ayudará recordar si en tu vida ha habido falsos salvadores o salvadoras que luego se han victimizado y te han perseguido, exigiéndote el retorno del favor prestado con intereses.
4. Piensa en cuáles de las personas que estimas te hacen sentir libre y cuáles te hacen sentir permanentemente en deuda.
5. Considera si el sentimiento de estar en deuda con esas personas emana de favores requeridos por ti o si emana de actos supuestamente libres o voluntarios de la otra persona.

6. Piensa por qué esa persona que te profesa aprecio tiene la necesidad de recordarte o reseñarte lo que «voluntaria y libremente» te entregó.

Puede que te resulte de utilidad responder a estas preguntas:

- ¿Pediste que te ayudasen?
- Cuando en un pasado te prestaron ayuda, ¿lo hicieron de forma desinteresada?
- ¿Te comprometiste a algo?
- ¿Acordasteis lo que debías?
- ¿Lo agradeciste en su momento de forma suficiente?
- En algún momento, ¿te plantearon que se te estaba haciendo un «préstamo» y que estabas adquiriendo una obligación futura?
- Si te hubiesen indicado que esperaban un retorno, de haberlo sabido, ¿habrías aceptado esa ayuda, regalo, dádiva o favor?
- ¿Te quiere realmente esta persona o sencillamente quiere cosas de ti?
- ¿Tienes capacidad para hacer lo que te está pidiendo?
- ¿Podrás sostenerlo?

- ¿Tienes las competencias para la ayuda que se te están solicitando?
- ¿Quieres realmente hacer esa entrega o lo haces de forma obligada?
- ¿Sientes que se te está pidiendo que «demuestres» tu afecto o tu amor?
- ¿Experimentas una sensación de ahogo que debes disimular en forma de satisfacción por estar entregándote de forma «voluntaria»?

LA LLAVE DE LA ENTREGA EN DIEZ MÁXIMAS

Las deudas no contraídas impiden la llave de la entrega.

* * *

Las palabras claves de una deuda no contraída son «compromiso no adquirido».

* * *

Una deuda no contraída inhibe la entrega libre.

* * *

La deuda no contraída se manifiesta en sensación de carga y privación de libertad.

* * *

La deuda no contraída se anula demostrando la inexistencia de un deber.

* * *

Al liberarte de una deuda no contraída, los demás se indignarán.

* * *

Renunciar a una deuda no contraída no es egoísmo, porque no hubo aceptación de compromiso futuro.

* * *

Rechazar una deuda no contraída requiere demostrar que no entraña abandono ni desprecio.

* * *

El no a una deuda no contraída nos abre la puerta a... la libertad de dar y entregarse.

...

Di no a tus deudas no contraídas y CONQUISTA LA LLAVE DE LA ENTREGA.

...

CAPÍTULO 6

LA LLAVE DE LA IDENTIDAD

SEXTA CELDA

El rey decidió sentarse en su trono. Observó a Ibrahim, en cuclillas sobre la alfombra. El reo no decía nada y escuchaba con atención.

***

El hombre avanza por el pasillo oscuro hasta la sexta de las celdas. En el interior, encuentra a una mujer en pie, erguida, mostrando una gran dignidad.

–Bueno, y tú..., ¿por qué te hallas encerrada? ¿También le debes algo a alguien?

La mujer parece tranquila, transmite una sensación de seguridad. Pero es obvio que, como al resto de los prisioneros, la estancia allí le está pasando factura. El tono de la piel, la falta de luz, la humedad...

–Sí, he escuchado el resto de las conversaciones. En mi caso, verás, es todo mucho más sencillo. Permanecer aquí dentro es lo que se espera de mí. Las personas que me quieren, que quieren lo mejor para mí, me lo transmitieron desde que nací. «Tú eres la perfecta prisionera. Igual que lo fue tu abuela, que permaneció encerrada durante toda su vida y fue una encarcelada ejemplar», me dijeron.

Desde siempre afirmaron que yo era igual que mi abuela. Incluso físicamente. Me gusta cumplir con lo que se espera de mí, ¿no crees que es lo que todos debemos hacer?

El visitante de la celda baja la mirada y se deja caer sobre el suelo de piedra del pasillo de las mazmorras. Aquello no es normal. Ese palacio, con las siete cerraduras en la puerta principal, una edificación de estancias, pasillos y escaleras casi infinitos y totalmente vacío, esos únicos vecinos, prisioneros encerrados en las mazmorras por causas tan difíciles de comprender… Parece un mal sueño del que ha de despertar. Y, finalmente, están las siete llaves. Tras seis conversaciones, nada, absolutamente ni un solo indicio.

–Supongo que no tiene sentido preguntar… –dice el hombre a la prisionera–. Pero, en fin, ¿sabes, a pesar de que tu misión sea permanecer en esta horrible mazmorra, dónde está escondida la llave de tu celda?

La mujer se lo queda mirando y, al poco, se echa a reír. Al principio, una leve risa que, finalmente, acaba en unas carcajadas sonoras.

***

El rey también ríe. Quedaba solo una celda por visitar, y se percató de que Ibrahim estaba totalmente perdido.

O eso pensaba.

ESCLAVOS DE ATRIBUCIONES EXTERNAS

«Por favor..., ¡qué torpe es este niño!», «¡Patoso!», «¡Eres un tocho!», «Eres igual que tu abuelo, que no podía ser más desmañado», «¡Das pena, chaval! Eres un inútil». Durante su infancia y adolescencia, día sí y día también, Luis tuvo que escuchar estas frases procedentes de sus tres hermanos mayores. Su madre, viuda, tenía que trabajar a doble jornada, salía de casa a las cinco de la mañana y regresaba cada día a las diez de la noche, sábados incluidos, para sacar adelante a la familia, y poco pudo hacer para proteger al pequeño del acoso constante de sus hermanos.

El primogénito era especialmente cruel con Luis, quizá por unos celos que jamás digirió. La palabra *torpe* y todos sus sinónimos le caían encima cada día, varias veces, desde que él lo recordaba. Malas notas escolares en deporte y manualidades. En el resto, excelentes resultados. Pero Luis tenía una gran habilidad para las matemáticas. Estudió ingeniería informática y se licenció con magníficas calificaciones porque, se decía, su mente no era tan torpe como sus manos y su cuerpo.

Cuando estudiaba la carrera, un amigo común le presentó a Carmen, una psicóloga dulce y cariñosa que remontó la autoestima de Luis tan herida por sus sádicos hermanos. En cierta ocasión, Carmen hizo lo que Luis nunca tuvo el coraje de hacer: en la cena de Nochebuena puso fin a su fama de torpe frente al estupor de los antaño hermanos valentones: «Luis no es torpe, en absoluto. Le habéis hecho creer que lo era, pero os da mil vueltas en todo, incluso en deporte y en habilidades manuales».

Hizo callar a todo el mundo con sus argumentos serenos y llenos de sentido común, incluso al primogénito, cuya chulería quedó aplacada por la asertividad e inteligencia de la novia de Luis.

Carmen era, además, una gran deportista: le encantaba el atletismo. Luis comenzó a entrenar con ella y al cabo de tres años de salir juntos había perdido veinticuatro kilos de peso y corrió su primera maratón. Luego se pasó a los triatlones y finalizó con muy buena marca varias competiciones.

En paralelo, Luis se aficionó a tallar ajedreces de madera. Siempre había sentido fascinación por la carpintería y la ebanistería. El día de su treinta cumpleaños, Carmen le regaló una fantástica caja de herramientas con todo lo necesario para comenzar a tallar madera. Como a Luis le encantaba el ajedrez, comenzó a tallar troncos medianos que iba a buscar al bosque y les daba la forma de las piezas de este juego que tanto amaba. Fue entonces cuando Luis se preguntó: «Si Carmen no hubiera entrado en mi vida, ¿sería hoy quien soy?».

La pregunta que se hace Luis es muy razonable: ¿acaso las personas que viven toda su infancia, adolescencia y juventud machacadas por las etiquetas impuestas por otros no acaban siendo programadas inconscientemente?

Luis tenía la llave de su identidad perdida casi desde su nacimiento.

Todos tenemos en mayor o menor medida nuestras

identidades condicionadas por las atribuciones que hemos ido recibiendo a lo largo de nuestras vidas.

Hay atribuciones que te dan alas y otras que te hunden. A estas últimas las llamaremos *atribuciones limitantes* y sobre ellas versa este capítulo.

...

Los grilletes de la llave de la identidad son LAS ATRIBUCIONES LIMITANTES.

...

¿QUÉ ENTENDEMOS POR ATRIBUCIÓN?

Atribuir es adjudicar una cualidad o un conjunto de cualidades a una persona, y también es asignar un deber. *Atribuir* es identificar y encomendar algo a la vez. Una *atribución* es un mensaje por el que se te reduce el todo a una parte, se te pone una etiqueta que entraña una función, un rol y una expectativa.

Si en tu infancia recibes repetidamente una atribución limitante, pierdes los matices de tu complejidad como ser humano para convertirte en una idea reducida y simplificada de lo que eres. Una atribución es un rótulo que se te asigna y condiciona tu personalidad, tus habilidades y posibilidades. Si no cuestionas una atribución limitante, te dejas definir por las opiniones de otros, en lugar de por la realidad de tu propia experiencia. Las atribuciones limitantes crean una idea de ti, un «yo idea», condicionado por tales atribuciones.

Si las atribuciones hacen fuerte mella en ti, las etiquetas que te han sido dadas perviven en el tiempo y condicionan de manera significativa tu vida.

No cuestionar las atribuciones limitantes es dejar en manos de otros la construcción de tu propia identidad, comenzando por los límites que te ayudan a definirte y a protegerte.

Cada atribución sigue una fórmula muy simple. Es una ecuación. Hay una igualdad en el presente o una profecía y una predicción de futuro:

– Tú ERES x. Tú = x.
– Tú SERÁS x. Tú = x (en el futuro).

Ecuación y profecía. Si te dicen que eres x (feo, torpe, bobo, solitario, etcétera) o que lo serás, reducen todo tu ser a una dimensión, a un lema. Además, eso que dicen que eres o que serás va acompañado de una serie de prejuicios que acaban de dar fuerza a la atribución.

Algunos ejemplos de atribuciones son:

– «Serás como tu padre» (con todos los prejuicios[12] que ello supone).
– «Eres igual que tu abuela» (con todos los prejuicios que ello supone).
– «Serás un fracasado» (con todos los prejuicios que ello supone).

12 *Prejuicio:* opinión preconcebida, generalmente negativa, hacia algo o alguien.

- «Eres un trasto» (con todos los prejuicios que ello supone).
- «Eres especial» (con todos los prejuicios que ello supone).
- «Eres una muñeca» (con todos los prejuicios que ello supone).
- «Serás un infeliz» (con todos los prejuicios que ello supone).
- «Eres bueno» (con todos los prejuicios que ello supone).
- «Eres malo» (con todos los prejuicios que ello supone).
- «Serás guapo» (con todos los prejuicios que ello supone).
- «Serás el mejor abogado de la familia» (con todos los prejuicios que ello supone).
- «Serás feo» (con todos los prejuicios que ello supone).
- «Eres una bolita» (con todos los prejuicios que ello supone).
- «Eres como un armario» (con todos los prejuicios que ello supone).
- «Eres una bestia» (con todos los prejuicios que ello supone).
- «No puedes ser más torpe» (con todos los prejuicios que ello supone).
- «Eres una princesa» (con todos los prejuicios que ello supone).
- «Eres un inconsciente» (con todos los prejuicios que ello supone).
- «Eres un ángel» (con todos los prejuicios que ello supone).
- «Eres un bicho» (con todos los prejuicios que ello supone).

– «Serás un inútil» (con todos los prejuicios que ello supone).

Cuando se desea que un niño haga algo concreto, se le da una orden; pero ¿cómo conseguir que un niño sea aquello que sus padres han proyectado que sea? En las atribuciones no hay solo una definición, hay también una expectativa basada en un conjunto de prejuicios que cuelgan de la etiqueta que se te pone, y esos prejuicios conforman una orden que debe ser obedecida implícitamente.

Si a alguien le dicen: «Eres y serás como tu tío», y –pongamos por caso– que el tío en cuestión tenía fama de ser golfo, estafador y moroso, entonces la palabra *tío* viene investida de unos atributos claramente negativos que condicionan a esa persona. La atribución actúa entonces como un programa, como un *software* que se pone en marcha en el inconsciente del niño para que la etiqueta se cumpla.

Dice Ronald D. Laing, definiendo el mecanismo de las atribuciones: «Cuando nos dicen, por ejemplo, que somos un buen niño o una buena niña, no se limitan a ordenarnos que seamos un buen niño o una buena niña» y ello resulta en una orden que debe ser obedecida implícitamente.[13]

Como veremos en el siguiente capítulo, los mandatos te dicen lo que no debes hacer, mientras que las atribuciones te indican no solo lo que se espera que hagas, sino lo que debes ser y lo que se espera que seas para cumplir la profecía

13 Ampliamos la definición original del psiquiatra británico de origen escocés Ronald David Laing sobre las atribuciones.

de la atribución. Así pues, si sigues las atribuciones, estas se consolidan; y si no obedeces los mandatos, te castigan.

En los cuentos de hadas tradicionales, el hechizo de un mago, de un hada, de un hechicero o de una bruja puede cambiar al protagonista en un instante para lo bueno o para lo malo. El personaje, por arte de magia, puede convertirse en sapo o en príncipe, y el resultado del hechizo depende de la intención de la bruja (mala) o del hada (buena), del hechicero (malo) o del mago (bueno).

Así son las atribuciones: pueden liberarte o pueden condenarte, porque, a falta de pensamiento crítico y de la madurez que no tienes cuando eres niño, actúan como un programa informático muy breve, pero de enorme potencia condicional. Con un simple «eres tal» o «serás cual» se pone en marcha el *software*. Con una simple ecuación, se reduce el todo de ti y se te orienta hacia lo que se espera y se desea que seas.

Cabe entonces hacerse las siguientes preguntas:

- Las expectativas favorables que sobre ti tiene tu entorno de afectos y amistades, y que muchas veces se expresan en atribuciones a lo largo de la infancia (e incluso a lo largo de la vida), ¿pueden llevarte más allá de lo que esperas? Por ejemplo: «Eres un crac», «Eres una ganadora», «Eres genial», «Eres brillante», «Eres el mejor», «Tendrás éxito, como tal persona de la familia», etcétera.
- En el caso contrario, ¿cuántas veces ni lo has intentado o te ha salido algo mal, influido por el miedo al fracaso

que te han transmitido, por la falta de confianza, por la invitación a la resignación y al abandono a través de una atribución limitante? Por ejemplo: «Eres un inútil», «Eres torpe», «Eres un gafe», «Eres como tal persona» (a quien le fue mal en la vida), «Tú fracasarás como tal, te irá mal sí o sí, como le fue a...».

Lo que los demás esperan de ti puede desencadenar un conjunto de acciones que te lleven mucho más allá de lo que puedes imaginar, en lo mejor y en lo peor.

En efecto, la profecía de un suceso tiende a facilitar su cumplimiento. Si, por ejemplo, analizamos las biografías de grandes mujeres y hombres que a lo largo de la historia han hecho formidables descubrimientos y aportaciones a la humanidad, tanto en la ciencia como en el arte, el deporte, la empresa o lo social, veremos que en muchos casos había una persona que tenía una fuerte esperanza depositada en esa niña o ese niño en cuestión y que provocó la magia de la atribución favorable que dio alas a que la expectativa del logro y de la realización se cumpliera.

En psicología, se conoce como *efecto Pigmalión* aquel por el cual, cuando alguien confía en ti y te contagia esa confianza, tu sistema límbico acelera la velocidad de tu pensamiento, incrementa tu lucidez, tu energía y, en consecuencia, tu atención, eficacia y eficiencia.

Un ejemplo sería el caso de Elisenda, una buena amiga a quien le pusieron el nombre que tenía su abuela paterna, una reconocida y muy querida comadrona que había acompañado a lo largo de su vida a cientos de mujeres en el parto de sus hijos. El padre de Elisenda adoraba a su madre, y su hija nació tres meses después de que esta falleciera debido a un cáncer, así que decidieron llamar a la pequeña como la abuela.

«Me recuerdas a mi madre –nos cuenta que le decía su padre ya desde que era muy niña–. Tienes sus mismos ojos y su sonrisa. Era dulce y buena como tú. Tú, si quisieras, podrías ser una gran comadrona, como ella.»

Con el paso de los años, Elisenda estudió Medicina y se especializó en ginecología. En la mesa de su consultorio, además de la foto de su marido y de sus hijos, está la de sus padres y la de su abuela, siempre presente desde que nació, aunque nunca llegó a conocerla.

Elisenda ha vivido una vida realizada y de servicio a los demás porque el condicionamiento de su identidad fue definido desde un referente admirado y querido: su abuela.

Como ves, hay atribuciones que dan alas y otras que hunden. La historia de nuestra amiga Elisenda viene marcada por atribuciones impulsoras. Es decir, la confianza inoculada por otros a través de atribuciones positivas puede darte alas. Pero también, al revés: las atribuciones limitantes, en las que nos concentramos en este capítulo, pueden cortarte las alas. Son estas últimas las que castran, empobrecen, restringen y traban.

En definitiva, hay atribuciones que te pueden nutrir, inspirar y elevar, mientras que hay otras que, por el contrario, te pueden oprimir, desanimar y dificultar. Y las hay que son ambivalentes y confusas como el «eres especial», que a veces puede tener una lectura favorable (eres único, destacado, extraordinario) y en otros casos despectiva (eres rarito, friki, extravagante, difícil).

. . .

Las palabras claves son «IDENTIDAD CONDICIONADA».

. . .

EL PELIGRO DE DAÑAR LA AUTOESTIMA

Antes de abordar cuáles son las consecuencias que tienen las atribuciones limitantes en tu vida, queremos definir tres conceptos fundamentales para comprender las implicaciones restrictivas que pueden tener. Estos tres conceptos son *autoestima*, *autoimagen* y *autoconcepto.*

– La autoestima tiene que ver con cuánto *te amas* y si te sientes digno de ser amado. Se construye a partir de cuánto te has sentido amado en la infancia y, posteriormente, en la edad adulta, en tus relaciones afectivas y amorosas. Cuanto mayor es la autoestima, mayor es la confianza en ti mismo y mayor es la disposición de entrega y la seguridad afectiva que tienes ante los demás y la vida. La autoestima es, en consecuencia, la percepción que tienes de ser querido.
– La autoimagen tiene que ver con cuánto *te gustas* a ti mismo y si te sientes atractivo o bien parecido. La autoimagen depende de la cultura. Los cánones de belle-

za son distintos en cada contexto cultural. La autoimagen hace referencia, como la propia palabra indica, a la representación de tu imagen física que haces de ti mismo en tu mente. Y esa idea o imagen puede ser atractiva y bella, si hay una buena autoimagen; o lo contrario, si no la hay. De este modo, hay personas que pueden resultar muy bellas y atractivas a los demás, pero que se desaprueban físicamente a sí mismas. O, al revés, personas que, de entrada, no seducen por su aspecto físico, pero que a sí mismas se ven muy bien. La autoimagen es, en consecuencia, la percepción de la belleza o del atractivo propios.

– El autoconcepto tiene que ver con cuánto *te reconoces y te valoras* a ti mismo, y te sientes valorado por los demás. Depende de tus capacidades de desempeño intelectual, de tu carácter, de tus habilidades relacionales y de los hábitos que has adquirido en la vida. Puedes desarrollar el autoconcepto con la experiencia y con el aprendizaje activo. Con un autoconcepto elevado te sientes más seguro y capaz de relacionarte, de cumplir objetivos y de solucionar problemas. Es tu propia percepción de ser capaz y eficaz. Un buen autoconcepto puede ayudarte a reparar una autoestima dañada y soslayar una autoimagen herida.

Una vez descritas la autoestima, la autoimagen y el autoconcepto, ahora te mostraremos cómo, obviamente, las atribuciones limitantes pueden suponer una herida a estos tres conceptos.

Atribuciones, como, por ejemplo, «eres feo», «serás obeso», «eres débil físicamente», pretenden dañar tu autoimagen. Atribuciones como «eres tonto», «eres torpe» o cualquier vínculo que se haga con personas que se asume que tenían estos atributos, pretenden lesionar tu autoconcepto. En general, cualquier atribución que sea una falta de respeto hacia ti en cualquier dimensión, pretende atentar contra tu autoestima.

Las atribuciones limitantes te pueden afectar en varias dimensiones: al propio respeto, a la propia aceptación, a la propia valoración, al reconocimiento, a la eficacia y, por supuesto, a tu llave de la identidad. E incluso, a tu felicidad y capacidad de realización, si te dejas definir conforme a ellas.

La buena noticia es que autoestima, autoimagen y autoconcepto pueden trabajarse para mejorarse y modificarse con nuevas interpretaciones de ti mismo y de tu propia personalidad, con el refuerzo de la valoración y el criterio externo. Pero, para ello, un paso importante y necesario es cuestionar y liberarte de las atribuciones limitantes.

...

La atribución limitante IMPIDE LA LLAVE DE LA IDENTIDAD.

...

NO DEJES QUE TE ETIQUETEN

Una atribución limitante se manifiesta en forma de una idea de ti mismo minusvalorada.

La idea que tienes de ti queda, por un lado, condicionada y, por otro, herida. Puedes llegar a perder los matices de las amplísimas dimensiones de lo que supone un ser humano y ser tratado como tal, para quedar reducido a una o a unas pocas etiquetas definitorias. Esas etiquetas devienen en un freno a la propia concepción de ti mismo y a tu evolución personal. En consecuencia, merman tus capacidades, ya que condicionan la narración que te haces de ti mismo. Pueden llegar a matar tu interés por cualquier tipo de crecimiento personal o profesional si las das por ciertas.

De este modo, una atribución limitante tiene un enorme poder si te crees la etiqueta que te han colgado los demás, la fabricación que otros hacen de ti mismo. Es el otro quien te define, no tú.

Y aquí viene una pregunta clave: ¿cuántas personas se definen a partir de lo que los demás dicen de ellas?

Muchos seres humanos se definen a partir de las atribuciones de otros o, lo que es mucho más complicado y aún peor: muchas personas se definen a partir de las fantasías que hacen sobre las atribuciones de otros.

¿Cuántas veces has pensado equivocadamente que otra persona tenía una mala opinión sobre ti cuando no era así? Muchas veces asumes que el otro tiene una idea de ti que, si la contrastas, no es así, pero, sin embargo, como te lo crees, tu comportamiento puede verse condicionado.

En definitiva, una atribución limitante se manifiesta dejando que sean otros los que te definan a ti y a tu vida. Es dejar el relato de tu identidad y gran parte de la narración de tu vida en manos de terceros. Es hipotecar tu identidad y, eventualmente, tu vida, sin recibir nada a cambio por ello. Es que seas esclavo de una idea impuesta por otro, que tú has comprado y asumido como una verdad. Es, en realidad, una falsa creencia que invade todo tu ser. Es que dejes de ser un humano multidimensional para convertirte en un rol específico.

La atribución al límite te lleva a la alienación, a la anulación, a no saber quién eres ni qué quieres, a tu indefinición o a tu definición en manos de terceros, como si fueses una caricatura.

...

La atribución se manifiesta DAÑANDO LA AUTOESTIMA, LA AUTOIMAGEN Y EL AUTOCONCEPTO, Y REDUCIÉNDOTE A LA CATEGORÍA DE ETIQUETA.

...

¿CÓMO PUEDES ANULAR UNA ATRIBUCIÓN?

La forma de negar lo que no eres, lo que te han atribuido, es darte cuenta de que muchas de las atribuciones, sobre todo las procedentes de tus padres, emanan de lo que ellos querían que fueras, pero también de sus propias frustraciones vividas y heredadas de sus propios padres y ancestros.

Si dudas sobre quién o «qué» eres, comienza por cuestionar la veracidad de las atribuciones que te han ido colgando toda tu vida. Muchas atribuciones son en realidad actos de terrorismo cargados de buenas intenciones. Incluso cuando se pone el nombre de un familiar fallecido a un recién nacido, se le genera una atribución que, sin duda, condicionará la vida del bebé, convocando a la réplica del difunto: que sea y haga lo que el muerto ya no puede ser ni hacer en vida. El homenaje al difunto se convierte en mandato para el bebé.

Definirte implica comenzar a cuestionar atribuciones ajenas, validar su verosimilitud y, si es necesario, soltarlas, dejarlas ir.

Hay una pregunta muy simple y reveladora que te puede ayudar mucho a cuestionar una atribución limitante, sobre la que te invitaremos a reflexionar antes de acabar este capítulo: ¿quién serías tú si vivieras libre de esa atribución?

Una de nuestras películas favoritas es *Forrest Gump*. Cuando sus compañeros se burlan de él y le repiten una y otra vez que es tonto, Forrest lo tiene muy claro: «No soy tonto. Mi mamá dice que tonto es el que hace tonterías».

Este personaje expresa tiernamente, desde su ingenuidad, pureza y bondad, la capacidad de un ser humano de vivir por encima de las atribuciones limitantes y etiquetas que sistemáticamente le cuelga su entorno. Pese a ello, Forrest Gump consigue tener una vida de servicio y amor a su entorno, y adquiere un reconocimiento social en múltiples dimensiones que ni desea ni espera. Él está por encima de cualquier etiqueta, gracias a su pureza y a su voluntad de servir y de amar. Es, a pesar de sus condicionamientos genéticos heredados, un hombre esencialmente libre, porque no se deja definir por los demás.

...

La atribución limitante se anula CUESTIONANDO LA VERACIDAD DE LAS ETIQUETAS ATRIBUIDAS.

...

ERES QUIEN ERES, LE PESE A QUIEN LE PESE

¿Cuántas veces has oído frases como «las personas no cambian, eres así y no vas a poder cambiarlo» o «tratar de ser lo que no eres te conducirá a la frustración»? Pero cuando logras cambiar y ser quien deseas ser, las mismas personas que hacen estas afirmaciones te dirán que ya sabían que eras mucho más que lo que aparentabas. El motivo es que saben que han tenido el poder de condicionamiento sobre ti y no querrán renunciar a él a pesar de haber perdido una batalla. Porque hay quien tiene necesidad de controlar al otro. Quien se siente vacío a menudo llena su vida fastidiando a los demás o intentándolo.

Toda atribución limitante nace de alguien frustrado que pretende frustrar a los demás o que repite una idea sobre alguien sin cuestionarla, sin pensarla. Quien tiende a despreciarte y humillarte, minusvalorándote, grita su propia desesperación. Si alguien te dice «eres idiota», en realidad, se está confesando sobre lo que él cree que es. Quien se siente como un mono les dice a los demás que son monos.

En definitiva, si al liberarte de atribuciones limitantes, los demás se sorprenden para bien, entonces mejor para ellos y que lo disfruten. Pero quizá se sorprendan para mal; entonces, peor para ellos y que se lo trabajen.

. . .

Al liberarte de una atribución, los demás SE SORPRENDERÁN PARA BIEN O PARA MAL.

. . .

Ten claro que liberarte de una atribución limitante es un acto de pura higiene mental y de identidad. Que nadie te diga que solo piensas en ti. Liberarte de una atribución tóxica no es egoísmo, es afirmación de lo que eres y de lo que quieres ser; es conseguir la llave de tu identidad para tu libertad vital.

Porque, ¿eres egoísta si te defines por ti mismo? ¿Eres egoísta si decides quitarte de encima molestas etiquetas puestas por otros que no te hacen bien y hieren tu autoestima, tu autoimagen y tu autoconcepto? ¿Eres egoísta si al liberarte de las atribuciones limitantes pretendes ser coherente con tu dignidad, con tu definición, con tus anhelos? ¿Eres egoísta si procuras vivir sin limitaciones a tu definición, ya sean propias o ajenas, una pura experiencia desnuda de prejuicios sobre ti?

La pregunta es: ¿deseas vivir con el freno de mano puesto y limitando la expresión plena de tu ser a partir de unas etiquetas que pretenden condicionar la manera en la que te narras a ti mismo y a tu propia vida?

Cuestiónate si en realidad te ama quien desea que te mantengas en un condicionamiento que te hace infeliz y te limita.

...

Renunciar a una atribución no es egoísmo, ES RECUPERAR LO QUE NO DEBIÓ SER ALTERADO.

...

CÉNTRATE EN TU PROPIO CAMINO

A nuestro modo de ver, el mejor activo en el que puedes y debes invertir es, en primer lugar, tu propia salud física, mental y emocional, ya que sin salud es más difícil el desarrollo de tu realización.

Una vez que tu salud está mínimamente garantizada, y si quieres crecer como ser humano, lo que te conviene es invertir en el fomento de tus habilidades y capacidades para fortalecer tus talentos e ir conquistando parcelas de realización personal y profesional.

Pero para que se produzca esa doble inversión en ti

mismo (en salud y en crecimiento personal y profesional), es condición indispensable que te reconozcas como responsable de tu vida, en lugar de como víctima de las circunstancias.

Coincidirás con nosotros en que cualquier proceso de desarrollo de tus habilidades o potencialidades puede cobrar mucha más fuerza si vas acompañado de un buen profesional que te guíe en el camino. Y esta es la protección y la precaución que te queremos señalar en este capítulo.

La llave de la identidad tiene tal potencia que bien aplicada puede suponer un cambio radical en tu vida. Muchas personas creen –erróneamente, a nuestra manera de ver– que solo van al psicólogo aquellos que están mal, que tienen algún problema grave. Nada más lejos de la realidad. Un buen profesional es indispensable para hacer un buen trabajo. Y a veces, reconocer tu propia debilidad y necesidad de cambio es un gran signo de fortaleza. Reconocer tus debilidades te hace mucho más fuerte.

El verdadero desarrollo personal y profesional solo se consigue mediante determinación, disciplina, perseverancia, paciencia, humildad, gratitud y una profunda voluntad de transformación y de amor a la verdad. Es mucho más fácil pensar que son los demás los que tienen que cambiar, que pensar que eres tú mismo quien tiene que tomar el timón de tu vida.

Hay un poema que ilustra este principio y que dio fuerzas a Nelson Mandela para superar los larguísimos años de malos tratos, vejaciones, torturas e injusticias que vivió antes de poder ser uno de los líderes sociales y políticos más admirados de la historia. Se conoce como «Invictus» y es una breve composición escrita por el poeta inglés William Ernest Henley, que dice así:

En la noche que me cubre,
negra como el abismo de un polo a otro,
agradezco a los dioses que puedan existir,
por mi alma inconquistable.

En las crueles garras de las circunstancias
nunca me he lamentado ni llorado en alto.
Sometido a los golpes del destino
mi cabeza está ensangrentada, pero erguida.

Más allá de este lugar de cólera y lágrimas,
donde yacen los horrores de la sombra,
la amenaza de los años, sin embargo,
me encuentra y me encontrará sin miedo.

No importa cuán estrecho sea el camino,
cuán cargado de castigos el viaje…,
soy el amo de mi destino,
soy el capitán de mi alma.

Nelson Mandela solía repetirse el poema en su ardua travesía existencial para soportar el dolor generado por aquellos que le odiaban y querían verle destruido con palabras y acciones violentas y humillantes. Pero él ponía especial énfasis en las dos últimas líneas del poema, «soy el amo de mi destino, soy el capitán de mi alma».

Ser el dueño de tu propio destino y el capitán de tu propia alma requiere mirar en tu interior, centrarte y soslayar lo que puedan pensar los demás sobre ti, sus juicios, prejuicios, críticas y opiniones cuando estas son, a veces, malintencionadas. Necesitas crear un espacio donde reencontrarte, hacer de buzo o minero de ti mismo, permitirte conversar con alguien que te guíe, que te haga preguntas inteligentes, que active tu pensamiento crítico, que te escuche de verdad para que dejes de tomarte las atribuciones de los demás personalmente. En realidad, una atribución es algo que el otro emite hablando de sí mismo. Quien te insulta o te critica, se confiesa. Qué maravilla es liberarte de la sombra que otros desean proyectar sobre ti.

Hay, sin embargo, una precaución. Dependiendo de en qué momento de tu vida te halles y de las responsabilidades adquiridas, un giro profesional o un cambio de rumbo personal pueden entrañar un riesgo importante. En este libro no pretendemos animarte a dar saltos al vacío. Es responsabilidad tuya medir los riesgos. Te recomendamos releer el capítulo 3 sobre la llave del logro para distinguir qué es un riesgo real de un miedo infundado. Y luego está tu disposición a asumir las consecuencias de tus decisiones. Piensa bien los pasos que vas a dar, los plazos, los hitos. Si, por ejemplo, alguien que lleva años viviendo con la atribución de llevar la empresa familiar y lo que deseaba era dedicarse al periodismo, tiene un camino por recorrer. No es lo mismo encarar este camino soltero, sin hipoteca y sin hijos, a los veintiséis años, que con todas esas responsabilidades y cincuenta años. ¿Significa eso que hay veces en que ya es tarde? No, no estamos afirmando eso. Conocemos el caso de una señora de ochenta años que, tras quedarse viuda, decidió que era el momento de aprender a tocar el piano. Cuatro años después interpretaba, y con bastante solvencia, a Chopin..., pero cuatro años después y estudiando varias horas al día. Por tanto, de lo que estamos hablando es de que una atribución conservada en el tiempo y vivida en consonancia te va a requerir un tiempo de ajuste, cuando el cambio afecte a tus ingresos y a tu profesión.

En cualquier caso, reconocer lo que es, sin aderezos artificiales, es muy liberador. Dejar de complacer la idea que tienen los demás sobre ti es una de las mayores libertades. Ser quien eres, más allá de complacer a los demás, te permite salir de juegos que generan sufrimiento y volver a la realidad. Ser el capitán de tu propio espíritu implica querer reconocer tu propia alma desnuda de disfraces, de falsas atribuciones que no te pertenecen.

Porque, aunque nada cambie, si tú cambias, todo cambia.

• • •

Liberarse de las atribuciones e integrar la llave de la identidad requiere OLVIDARSE DE QUÉ OPINAN LOS DEMÁS, PEDIR AYUDA Y CENTRARTE EN TU CAMINO.

• • •

DI ADIÓS A LAS CALIFICACIONES EXTERNAS

Obviamente, liberarte de atribuciones limitantes mejora tu autoestima, tu autoimagen y tu autoconcepto con todo lo que ello supone.

- Mayor respeto por ti mismo.
- Mayor aprecio por ti mismo.
- Mayor capacidad de percepción de tus capacidades.
- Mayor capacidad de acción.
- Mayor capacidad de logro y realización.

Dejas de ser esclavo de un «yo idea» reducido e impuesto por otros y comienzas a vivir a partir del «yo experiencia» propio y de tu vocación vital. Liberarte de atribuciones limitantes es como salir de *Matrix*.

Vivimos tiempos de una gran desorientación existencial: cómo soy, cómo seré y cómo quiero ser son tres preguntas que se hacen muchas personas.

Definirte por ti mismo es vivir en una realidad con un

nuevo código basado en la realidad de la propia experiencia. Y la buena noticia es que cuando te mejoras a ti mismo se crea un círculo virtuoso del que todas las personas que entran salen beneficiadas.

Cuando conquistas las diferentes llaves, vas transmitiendo esa capacidad a tu entorno. El entusiasmo se contagia; la alegría, también. Pero también se contagian la depresión, el cinismo y el mal humor. Cuanto más libre seas, cuanto más alto es tu nivel de conciencia desde la lucidez y desde la capacidad de amar, más permites a tu entorno que vea una manera diferente de vivir y de poder realizar tus anhelos individuales y colectivos por el bien común.

Hay, finalmente, una consecuencia adicional. Cuando te dedicas o actúas conforme a lo que no quieres o no deseas, normalmente, no destacas tanto como cuando te entregas a tus pasiones o a tu propia esencia. Siempre hemos sostenido que el más malo, en lo que le gusta, acaba siendo bueno, y el más bueno, en lo que no le gusta, acaba siendo malo. Se trata de potenciar tu talento. Y tu talento está normalmente relacionado con lo que deseas y amas hacer.

Esto que te hemos explicado está muy comprobado y proviene de un concepto muy asentado en la psicología. Se llama *motivación intrínseca* y consiste en el placer de dedicarte a aquello que te llena y da sentido a tu vida a través de tu profesión. Tu motivación intrínseca es el principal motor de la creatividad en cualquier disciplina. Por lo general, si destacas en algo, es porque disfrutas haciéndolo. Entonces, te suele ir bien en tu trabajo y ello es un factor que, sin duda, te ayuda a construir plenitud en tu vida. Amar lo que haces y ser reconocido por ello, definirte personal y profesionalmente a partir de tu vocación, talento y anhelos son, sin duda, factores que impulsan tu realización plena y tu libertad vital.

...

El no a una atribución limitante nos abre la puerta a... LA REALIZACIÓN PLENA.

...

CLAVES PARA LOGRAR LA LLAVE DE LA IDENTIDAD

Como te decíamos en un apartado anterior, la pregunta clave es quién serías tú si vivieras libre de tus atribuciones limitantes, y ahora te proponemos el siguiente ejercicio:

1. Pregúntate:
   - ¿Por qué me dicen que soy de esta determinada forma? ¿Es cierto eso que dicen que soy?
   - ¿Me atrevería a formarme en determinadas capacidades personales o profesionales que me lleven a tomar conciencia de que en realidad las atribuciones que se me han hecho son falsas?
   - ¿Qué obtienen a cambio las personas que logran convencerme de que soy como dicen? ¿En qué se benefician ellas cuando me cuelgan la etiqueta? ¿Cómo les hace sentir?
   - ¿Qué atribuciones recuerdas haber recibido a lo largo de tu vida que sientes que aún perviven en ti? Haz un inventario de aquellas que

consideres más relevantes y cuestiónalas, una a una, siguiendo, por ejemplo, estas cuestiones:

- ¿Quién serías tú si vivieras libre de la idea de ser torpe?
- ¿Quién serías tú si vivieras libre de la idea de ser como… [pon el nombre de aquella persona con la que se te ha comparado]?
- ¿Quién serías tú si vivieras libre de la idea de ser lento?
- ¿Quién serías tú si vivieras libre de la idea de ser tímido?
- ¿Quién serías tú si vivieras libre de la idea de ser disperso?
- ¿Quién serías tú si vivieras libre de la idea de ser dominante?
- ¿Quién serías tú si vivieras libre de la idea de ser perezoso?

2. Visualiza cómo serías tú y cómo sería tu vida en cada respuesta frente a cada atribución. Imagínate libre de la etiqueta que hay al final de cada pregunta y comprueba qué grado de veracidad y verosimilitud tiene la atribución que te han dado. Comprobarás que algunas atribuciones pueden ser parcialmente ciertas, pero otras no se sostienen por ningún lado.

Decíamos antes que la atribución no deja de ser «tomar la parte por el todo». Un solo aspecto no te define, una parte no representa todo lo que eres en su integridad.

Así, por ejemplo:

- Conviene que no confundas cometer alguna torpeza con ser torpe.
- Conviene que no confundas tener algún parecido con ese familiar con el que te comparan con ser él.
- Conviene que no confundas haber sido lento en la realización de algo con ser lento.
- Conviene que no confundas haberte comportado con timidez en algunos contextos con ser tímido siempre.
- Conviene que no confundas haberte dispersado alguna vez con ser disperso.
- Conviene que no confundas haber sido dominante en algún contexto con ser siempre dominante.
- Conviene que no confundas tener pereza en algunos momentos con ser perezoso.

En definitiva, no confundas la parte con el todo. Eres mucho más que cualquier etiqueta.

LA LLAVE DE LA IDENTIDAD EN DIEZ MÁXIMAS

Los grilletes de la llave de la identidad son las atribuciones limitantes.

* * *

Las palabras claves son «identidad condicionada».

* * *

La atribución limitante impide la llave de la identidad.

* * *

La atribución se manifiesta dañando la autoestima, la autoimagen y el autoconcepto, y reduciéndote a la categoría de etiqueta.

* * *

La atribución limitante se anula cuestionando la veracidad de las etiquetas atribuidas.

* * *

Al liberarte de una atribución, los demás se sorprenderán para bien o para mal.

* * *

Renunciar a una atribución no es egoísmo, es recuperar lo que no debió ser alterado.

* * *

Liberarse de las atribuciones e integrar la llave de la identidad requiere olvidarse de qué opinan los demás, pedir ayuda y centrarte en tu camino.

* * *

El no a una atribución limitante nos abre la puerta a... la realización plena.

...

Di no a tus atribuciones limitantes y CONQUISTA LA LLAVE DE LA IDENTIDAD.

...

CAPÍTULO 7

LA LLAVE DEL SER

SÉPTIMA CELDA

El rey se puso en pie. Era la última de las celdas. Ibrahim iba a recibir toda la información necesaria para resolver el enigma que le concedería la libertad absoluta y el perdón. ¿Sería capaz?

* * *

Por fin, el habitante de la edificación llega hasta la última de las celdas. Un hombre se halla en su interior. Es joven, el más joven de todos. Está de espaldas. No necesita volverse para dirigirse a él. Ha escuchado sus pasos sobre las piedras.

–No pasa nunca nadie por aquí. ¿Qué quieres tú, en realidad?

–Lo mismo que todo el mundo. La libertad. Si me ayudas, tal vez puedas salir de esta celda.

–¿Salir? Yo no puedo salir de ella. Es un mandato.

–¿Un mandato?

–Sí, algo tan sencillo como una orden. No salgas. Y no hay más. En el fondo, es lo mismo que les sucede a todos mis vecinos de estas mazmorras, pero ellos te vienen con excusas. Que si no hay llave, que si lo manda Dios, que si no sobreviviré fuera, que si debo algo, que si soy yo quien no recuerdo dónde está la llave, que si esto

es lo que esperan de mí... Tonterías. Todos están en mi misma situación. Nos dijeron que no saliéramos, y punto.

El habitante del palacio por fin comprende.

–Ahora entiendo. Y por eso no tiene sentido buscar las llaves de vuestras celdas.

–Eso es. No tiene sentido. Y, a la vez, tiene todo el sentido del mundo, ¿verdad? Ya lo has entendido todo. Ya tienes lo que buscabas. Ahora vete y déjanos.

El habitante de la edificación baja la cabeza, derrotado. Jamás saldrá del palacio. Es imposible dar con las siete llaves porque, en realidad, opera en todos los prisioneros el mismo mandato: «No salgas». Lo de las llaves es accesorio, piensa.

Cabizbajo, abandona el frío e inhóspito pasillo y asciende por las escaleras.

ESCLAVOS DE MANDATOS EXTERNOS

Ana es una mujer trabajadora, inteligente, guapa y elegante. Lo tiene todo. Es la menor de cinco hermanos. Educada en una familia muy laboriosa y con fuertes principios, a sus cuarenta años constató, no obstante, que se boicoteaba a sí misma cuando aparecía una oportunidad de mejorar en su trabajo.

Lo había hecho varias veces a lo largo su vida: rechazaba los ascensos que le habían propuesto alegando que no quería más responsabilidades, pero en el fondo existía en ella el deseo de prosperar y asumir retos. Se sentía en una contradicción cuyo origen ignoraba y de la que no sabía cómo salir.

Un día, sin apenas pensar en lo que decía mientras paseaba con su marido por la playa, surgió de su boca esta frase: «En el fondo, no quiero superar a mi hermana mayor. Si lo hiciera, me sentiría muy culpable».

En Ana opera el mandato «no me superes» que, entre bromas y juegos, le transmitió su hermana durante su infancia. Cuando alguna vez la había superado, aunque tan solo fuera en un juego, sufría el rechazo, la incomunicación y el desprecio de su hermana por un gran plazo de tiempo. Esa venganza lenta y cruel de su propia hermana se producía porque no toleraba que la ganasen en nada. La decisión inconsciente en la infancia de no perder el amor de su hermana seguía hoy funcionando como un programa que condicionaba su realización profesional. Era hora de revisar ese freno: «No me superes, no ganes: no seas quien puedes llegar a ser».

Ana tiene su libertad de ser quien es y quien puede llegar a ser condicionada. El miedo a lograr sus objetivos procede de los fuertes condicionamientos del pasado, los cuales perviven hoy en su niña interior y, aun siendo ella una mujer adulta, se comporta de manera condicionada debido a las negaciones que recibió en el pasado («no me superes y no lo logres») por parte de su hermana, a quien tanto amaba. La pervivencia en el presente de un condicionamiento pasado recibe el nombre de *mandato integrado* y constituye uno de los frenos a la libertad de ser.

...

Los mandatos integrados
IMPIDEN LA LLAVE DEL SER.

...

¿QUÉ ENTENDEMOS POR MANDATO INTEGRADO?

Un mandato es una orden que inhibe, limita y condiciona tu manera natural de ser.

Los mandatos, como hemos ilustrado con las historias anteriores, son mensajes que has recibido en tu infancia por figuras parentales y personas con autoridad o influencia emocional sobre ti (mamá y papá, los abuelos y las abuelas, los profesores, los maestros, tus mentores, tus tíos, tus hermanos mayores, etcétera).

Aunque a menudo se transmiten con buenas intenciones y dentro de un contexto educativo, en otras pueden producir un efecto de castración y freno, así como el bloqueo de pensamientos, sentimientos y comportamientos naturales, desembocando, finalmente, en la negación de una acción o de una actividad determinada.

El mandato es *integrado* porque, si bien originariamente son órdenes que recibes en el contexto familiar y que muy a menudo se repiten generación tras generación en tu árbol de familia, los integras en tu manera de ser como una decisión temprana que opera en el inconsciente, hasta que, eventualmente, tomas conciencia de los mandatos que te condicionan e inhiben y decides abrir un proceso de revisión y de liberación.

Un mandato, al negar ciertas posibilidades y acciones, hace que tengas que buscar alternativas, otras salidas. Esas salidas pueden dar lugar a una misión, existencial o profesional, que no necesariamente coincide con el talante y con los anhelos vitales o profesionales naturales que hay en ti. Sencillamente, escoges condicionado por las limitaciones y prohibiciones que el mandato ha establecido. Es como si vas por una autopista y la salida que debes tomar está cerrada por la policía. Deberás buscar una alternativa que te llevará a un lugar distinto. Pues lo mismo, pero de forma inconsciente.

Un buen ejemplo de ello es la película *Billy Elliot*, la historia de un niño de once años que profesa desde su más tierna infancia un gran amor por el baile y que alberga el anhelo de convertirse en bailarín profesional, pero su padre lo inscribe para que aprenda boxeo, como hizo su abuelo, aunque el muchacho detesta ese deporte. Un día, se fija en una clase de *ballet* que comparte temporalmente el gimnasio y, a espaldas de su padre, se une a ella. Cuando el padre lo descubre, le prohíbe terminantemente seguir bailando, pero la pasión del niño por la danza es demasiado fuerte y, en secreto y con la ayuda de la profesora de baile, continúa con las lecciones y con el tiempo se convierte en una estrella mundial de la danza.

El mandato del padre de Billy podría haber frustrado la que con el tiempo fue una brillante carrera como bailarín profesional, pero, gracias al permiso de su abuela materna y de la profesora de *ballet*, Billy puede realizarse y ser quien estaba llamado a ser. En esta película se observa claramente el funcionamiento de un mandato inhibidor y a la vez de un permiso realizador, del que hablaremos más adelante.

Los mandatos fueron originalmente enunciados por Bob y Mary Goulding. Los Goulding fueron figuras clave en el desarrollo del análisis transaccional.[14]

Cuando eres pequeño, recoges la información de lo que dicen y hacen tus padres, tus referentes o aquellos con los que convives y que te educan. Pero sabemos que lo que

14 El análisis transaccional es una teoría de la personalidad y un método de psicoterapia individual y grupal, con múltiples aplicaciones sociales, educativas y organizacionales, de raíces psicoanalíticas, que actualmente se engloba en el grupo de las terapias humanistas. Fue propuesto por el psiquiatra Eric Berne a partir de los años 1950 en Estados Unidos, quien lo divulgó a través de su libro *Juegos en que participamos*, *op. cit.*

se hace es más potente y deja mucha más huella que lo que se dice y, así, los mandatos reflejan tus condicionamientos heredados, los temores, los anhelos y también los enfados de tus padres y referentes de infancia que se dirigían a ti siendo niño de manera no verbal y no consciente. Por ello, es muy importante subrayar que en la mayoría de los casos los mandatos que hayas podido recibir en tu infancia son transmitidos por tus figuras parentales y referentes de manera no voluntaria ni consciente.

Afortunadamente, pocos son los padres y las madres que perjudican deliberadamente a sus hijos. Ellos mismos han recibido una herencia de mandatos que trasladan a su vez, sin saberlo, a sus propios hijos. Y es así como en buena parte te transmiten los condicionamientos que inhiben la libertad de una cultura familiar.

En resumen, los mandatos te indican qué puedes y debes hacer, y qué no puedes ni debes hacer.

Vamos a enumerar la lista de los principales mandatos. Es extensa y aun así no es exhaustiva, pues existen derivadas de cada uno de ellos, matices y formas de manifestación que, suficientemente desarrollados, darían para todo un libro por sí mismos.

Los principales mandatos son estos.

No lo logres

Puede haber algo de ti en este mandato si de niño no te apoyaban lo suficiente cuando tratabas de tener éxito en alguna actividad o juego. O si se te decía de pequeño que lo que lograbas era, en parte, por suerte. En la vida adulta, eso se puede traducir en éxitos parciales o abandonos a medias de los propósitos. Ahí suele operar un «no lo logres». Entenderás ahora mucho mejor la ausencia de la llave del logro en ciertas personas.

No pienses

Puedes haber integrado este mandato si de pequeño tus preguntas eran ignoradas o respondidas de cualquier manera. También si los adultos que te rodeaban parecían no pensar, no reflexionar, no tener en cuenta las consecuencias de sus actos. O cuando veías tomar decisiones importantes sin información relevante o sin la meditación necesaria. Si has integrado este mandato de pequeño, en la vida adulta interiorizas que no es bueno o que es arriesgado tener ideas propias o un pensamiento distinto a lo que te enseñaron en relación con temas claves o tabús, tales como la religión o el sexo.

Una variante de este mandato es «no pienses como tú piensas», con el que se pretende inhibir tu propio pensamiento crítico y que asumas el dogma de la cultura familiar, ya que tras ese mandato hay un «piensa como pienso yo».

Como te habrás dado cuenta, este mandato es de los que inhibe, principalmente, la llave del pensamiento y la llave del juicio.

No me superes

Quizá conozcas este mandato, en caso de que hayas experimentado de pequeño rivalidades o celos agudos entre los miembros de tu familia y en relación contigo. Es muy frecuente e incluso resulta ridículo observar cómo algunos padres no saben digerir su primera derrota deportiva, lúdica o intelectual frente a alguno de sus hijos. Seguro que has presenciado situaciones en las que abandonan la partida, se enfadan y pueden llegar a negarse a reconocer la derrota o a volver a jugar con sus hijos. Es típico entre hermanos y, si fue tu caso, recordarás cómo se mostraban enojados o incluso heridos si los superabas en un juego, en lugar de exaltarte o aplaudirte.

Este mandato pone techo a tu realización y tiene mucha relación con la ausencia de la llave del logro, porque si te has quedado con la idea de que ganar es inadecuado, acabas por no querer enfrentar retos en la vida.

No seas tú mismo

Es el mandato que te niega sin condicionamientos a ti, a tus tendencias naturales, a tus dones, a tu ser. Se produce cuando se te fuerza de pequeño a que seas de una manera o a que ocupes una posición deseada distinta a la de tu propia naturaleza. Hemos hablado de ello en la llave de la identidad: «Serás abogado como yo, tu abuelo y tu bisabuelo».

No disfrutes

El placer está prohibido, bien porque gozar se considera pecado, bien porque disfrutar se interpreta como el preludio de una desgracia posterior. Los efectos de este mandato los hemos visto en el capítulo 4, sobre la llave del disfrute.

Para que este mandato no opere en las edades adultas, se te ha de permitir jugar, explorar, conocer, experimentar y sentir alegría cuando eres pequeño. No coartar las acciones que producen placer.

Si hay en ti parte de este mandato, puede darse el caso de que, en la edad adulta, seas un tanto adicto al trabajo, muy perfeccionista, de manera que, hagas lo que hagas, siempre creas que hay algo mejorable, que nunca es bastante; o bien puede que tiendas a culpabilizarte en exceso e incluso asumas como propias responsabilidades y culpas que no son tuyas.

No sientas

Se manifiesta cuando tus emociones estaban vetadas. Este mandato es característico si tiendes a esconder sus sentimientos y a mostrarte aparentemente fuerte. En ti no puede haber síntoma de debilidad o emoción. A veces, en lugar de un «no sientas» opera un «siente esto». Lo reconocerás si era habitual que en tu entorno se reemplazasen emociones genuinas por otras sustitutorias que sí eran permitidas. Por ejemplo, tristeza reemplazada por rabia. Cuando es así, no se suele llorar y, en cambio, se expresa un enfado a veces desproporcionado. La llave del disfrute también es la que se ve afectada con este mandato.

No crezcas

Se produce cuando de pequeño no querían o tardaron en asignarte tareas y funciones propias de tu desarrollo natural. Es la clásica sobreprotección tan en boga en los padres de hoy. Eso impide que madures y, además, crea cierta dependencia. O ya convertido en adulto, quienes te cuidaron te mantienen cerca para seguir teniéndote controlado.

Con el tiempo da lugar a inmadurez, falta de sentido de responsabilidad, incapacidad para una vida autónoma e incapacidad de tomar decisiones que impliquen un compromiso.

Este mandato tiene que ver con las llaves del logro, del juicio y, en especial, con la llave de la entrega, porque cuando opera puedes caer en la dependencia servil hacia otros. Como en la película *Como agua para chocolate*, basada en la novela homónima de Laura Esquivel, en la que una madre dominante hace todo lo posible para que la menor de sus hijas, Tita, no deje su hogar de origen y cuide de ella hasta su muerte. Es la simbiosis de la que te hemos hablado en el capítulo 5.

Lo hemos descrito ya: constantes llamadas, constantes reuniones familiares que pueden acabar boicoteando las relaciones adultas del hijo o de la hija y provocar el aborrecimiento del yerno o de la nuera por invasión familiar.

Tenemos un buen amigo, casado con una mujer perteneciente a una familia de seis hermanos, que cada fin de semana tenían algo que celebrar. Echando cálculos, la pesadilla de la agenda de este amigo es fácilmente calculable: seis hermanos, con seis cónyuges por hermano, y dos hijos promedio por pareja, más suegro y suegra, arrojan una suma total de veintiséis personas. Para cada una de ellas se celebraba el santo y el cumpleaños. Echemos cuentas: cincuenta y dos celebraciones. Hay que añadir el día del padre y de la madre, aniversarios de boda y días señalados de Navidad y Semana Santa. Una pesadilla que desembocó en divorcio, a nuestro modo de ver, plenamente justificado por asfixia.

Aunque te parezca mentira, detrás de esta vorágine familiar no hay una familia unida, sino un gran «no crezcáis».

No seas infantil

Es el mandato opuesto al anterior. Se produce si de pequeño te tuviste que ocupar y responsabilizar de obligaciones familiares impropias de tu edad. A veces, puede ser por fuerza mayor. Por ejemplo: la niña o el niño que pierde a su madre y se ocupa de la casa y de sus hermanos desde muy temprana edad.

En consecuencia, deviene en una persona adulta hiperresponsable, que pone por delante las necesidades de los demás a las suyas. ¿A qué afecta? A la llave del disfrute, por supuesto.

No lo hagas

Se produce cuando tus mayores, dubitativos, vacilantes, te transmitieron que actuar era un peligro, o ellos mismos vivían «el hacer» como un riesgo. Le sucede a ese chaval que oye, ante todo lo que hace, un «¡cuidado!, ¡vigila!». En la segunda entrega de la película de Disney *Mascotas,* el perrito protagonista, Max, está todo el tiempo considerando un riesgo los juegos del bebé que ha llegado a su hogar. En unos días que pasan en el campo, otro perro granjero, acostumbrado al campo y a vivir en libertad, le recomienda que permita al hijo de sus dueños subirse a los árboles para así caerse y aprender a medir sus riesgos cuando sea mayor.

En el fondo de este mandato hay pánico hacia el placer y el logro, por lo que normalmente va ligado a las llaves del logro y del disfrute.

Tus necesidades no son importantes

Es habitual entre aquellos padres que dicen no tener nunca tiempo para sus hijos. Ese «no podemos estar por ti» te puede llevar a interpretar que tú y tus necesidades no son importantes.

La llave de la identidad y la llave del disfrute se ven afectadas luego, amenazando nuestra libertad vital adulta.

No vales, no sabes o no sabes hacerlo

La típica exigencia de perfección que quizá viviste de pequeño y que volcaban sobre ti para compensar la frustración de tus mayores. El típico profesor de música, concertista frustrado, que pide a sus alumnos el nivel al cual él no llegó y quiso llegar, y que exige para compensar sus propias carencias. Todo lo que haces es siempre insuficiente. ¿Qué sucede? Pues que todo es una tortura. ¿Qué falta aquí? La llave del disfrute y del logro.

* * *

Los principales mandatos[15] proceden de los adultos que nos rodearon y, a veces, se trasladan de generación en generación hasta que tomas conciencia de ellos y pones en marcha el trabajo de liberación.

Este capítulo, además de ser más extenso que los anteriores, hace referencia a las otras seis llaves. El motivo es que el mandato viene a ser el origen y la causa de todos los inhibidores de la libertad vital.

No es casualidad que la superación o la anulación de los mandatos permita adquirir la llave de ser, pues sin la capacidad de «ser» es difícil tener la libertad que otorgan el resto de las llaves: libertad de pensamiento, libertad de juicio, libertad de logro, libertad de disfrute, libertad de entrega y libertad de vivir la propia identidad.

Eso no significa que únicamente a través de la anulación de un mandato se adquieran las siete llaves. Lo que

15 Además de estos mandatos, existen otros más estructurales y profundos que ya no afectan a la libertad vital y a la consecución de alguna de las siete llaves, sino al equilibrio emocional de la persona. Una persona con estos mandatos debería realizar un profundo trabajo terapéutico que escapa al ámbito de este libro. Por ejemplo, «no te acerques», «no ames» o «no pertenezcas» son diferentes expresiones de un mandato que inhibe la intimidad y la entrega afectiva. Normalmente, surge ante la dificultad de los padres de mantener el contacto físico y de expresar ternura y afecto. Desemboca en comportamientos de aislamiento, en dificultades para establecer relaciones de amistad e íntimas. «No existas» o «no vivas» es, quizá, el peor, ya que tiende a anular la existencia. No se reconoce, se ignora, se maltrata o se banaliza la existencia del niño. También es posible transmitir este mandato con menor intensidad, repitiendo continuamente que la vida es muy dura, que solo se vive para sufrir, que la vida no tiene sentido, en un pertinaz nihilismo que quita las ganas de vivir y que te puede convertir en un cínico.

significa es que las anteriores seis llaves no podrán ser plenamente conquistadas si perviven otros mandatos. Digamos que la anulación de un mandato es la condición *sine qua non* para la conquista de cualquier capacidad vital. Es condición indispensable para adquirir cualquiera de las otras seis libertades, pero no es condición suficiente.

Por ello, hemos querido dejar esta llave para el final. Es la más importante, la más nuclear, la llave maestra: la llave de ser. Y su comprensión resulta mucho más sencilla si primero hemos comprendido cómo operan en nosotros las otras seis limitaciones.

...

Las palabras claves son «CONDICIONAMIENTO EXISTENCIAL».

...

EL PELIGRO DE INTEGRAR LOS MANDATOS

Hemos visto que los mandatos son la manifestación de conflictos vividos en tu infancia, generados por comportamientos normalmente no verbales transmitidos por tus padres, y de generación en generación, que producen respuestas adaptativas en un momento de tu vida en que no tienes la madurez suficiente para evaluar críticamente el impacto del mandato y sus consecuencias.

Los mandatos limitan tu capacidad de realización como ser humano, condicionando desde tus percepciones hasta tus decisiones y acciones, y pueden transformarse en un veneno inconsciente que te lleve a la propia destrucción vital a través de...

- La tristeza: «no sientas placer», «no seas infantil», «no pertenezcas», «no lo logres».
- La locura: «no pienses», «no preguntes», «no sepas», «no cuestiones», «no analices».
- La anulación vital: «no vivas», «no seas tú mismo», «no me superes», «no hagas», «no digas».

Observa que cuando eres niño tomas decisiones respecto a estos mandatos que vas reforzando durante tu adultez a través de las experiencias vividas. Quien vive en un «no lo logres» acabará creando inconscientemente las circunstancias que hagan que la profecía de no lograrlo se cumpla. Y así sucede con todos los mandatos.

Es evidente que cuanto más temprano se fijen los mandatos, peores serán las condiciones de la vida. Al contrario, un niño que disfrute de afecto y libertad en su infancia tendrá más elementos que considerar a la hora de tomar decisiones y disfrutará en su edad adulta de mayor libertad para percibir y decidir sin el filtro de los condicionamientos que crean los mandatos. Estará, en definitiva, en condiciones de sopesar la realidad con mayor profundidad y realismo sin que le influyan tanto los condicionantes familiares que ha mamado junto con la leche materna.

. . .
El mandato IMPIDE LA LLAVE DEL SER.
. . .

LOS MANDATOS PUEDEN HACER MELLA

Un mandato se manifiesta en comportamientos, que van desde el retraimiento y la inhibición hasta la ausencia de libertad vital en su totalidad. Por ejemplo, si en tu hogar había un enorme miedo al cambio, gran apatía, temor a arriesgarse y hacer cosas distintas, estás recibiendo los mandatos «no hagas», «no lo logres», «no seas importante».

Conocemos el caso de Miguel, quien, a sus treinta y cinco años, con una hija de cinco y un hijo de tres años, nos decía que no sabía cómo acercarse ni a jugar con sus hijos: «Sé que puede sonar extraño. Pero no sé cómo hacerlo. Me bloqueo. En mi casa, cuando era pequeño, no recuerdo que mi padre jamás jugara conmigo. Mi padre siempre estaba encerrado en su despacho con unos enormes auriculares puestos y leyendo; y mamá repetía sin parar: "¡No hagáis ruido, que papá viene muy cansado del trabajo. ¡No le molestéis!". Vivíamos en pánico porque mi padre se enfurecía por el más mínimo ruido. No podíamos ni jugar ni apenas hablar en un tono normal. Nuestra casa parecía un convento con voto de silencio. Tengo la sensación de que para mi padre éramos una molestia. Nos tuvo porque tocaba, porque era lo normal, porque se debía tener hijos, pero, en realidad, yo tuve un padre ausente. Presente físicamente, pero tan ausente emocionalmente que apenas nos conoció. En mi casa no se podía ser niño».

Juan, otro buen amigo, a raíz del fallecimiento de su padre, nos decía que sentía que tenía fuertemente inhibida su capacidad de expresar la emoción de la tristeza. Lo resumió en una breve frase: «No puedo llorar. No sé llorar».

Se dio cuenta en la despedida a su padre: «No pude soltar ni una lágrima. Siento una enorme tristeza, pero no puedo expresarla. Reside en mí una especie de orden interna que me prohíbe sentir y expresar la emoción –nos confesó–. En nuestra casa, expresar tristeza no era de hombres, era de débiles, era de niñas. Recuerdo una vez, cuando tenía nueve años, que mi abuelo paterno me dio un bofetón al verme llorar, ni siquiera recuerdo por qué lloraba entonces».

Como ves, la manifestación de todo mandato es pura inhibición en cualquier aspecto: pensamiento, sentimiento, emoción y acción. Un mandato, en definitiva, es un no al potencial de la vida, un cerrojo a la libertad de ser.

...

El mandato se manifiesta en la INHIBICIÓN DE PENSAR, SENTIR, HACER Y SER.

...

¿CÓMO ANULAR UN MANDATO INTEGRADO?

No desesperes.

La buena noticia es que, en la edad adulta, puedes tomar decisiones de cambio en tu vida y revertir las decisiones que fueron tomadas desde que eras un niño, ante la presión de los mandatos que tú, como todos, hemos recibido.

Tu antídoto de cualquier mandato es tu PERMISO.

Tu permiso es una POSIBILIDAD de PODER SER.

Tus permisos son LIBERADORES en lugar de prohibitivos.

Así, para cada mandato, dispones de su correspondiente PERMISO LIBERADOR:

- Al mandato de «no lo logres», le corresponde el permiso de alcanzar, de realizar, de ser exitoso.
- Al mandato de «no pienses», le corresponde el permiso de reflexionar, de analizar, de ser crítico, de ser riguroso.
- Al mandato de «no me superes», le corresponde el permiso de superar y superarte: puedes ser mejor sin sentirte culpable ni pagar un precio por ello.
- Al mandato de «no seas tú mismo», le corresponde el permiso de expresar tu singularidad, mostrarte como eres y realizarte en tu unicidad.
- Al mandato de «no sientas», le corresponde el permiso de emocionarte, experimentar, vivir sintiendo.
- Al mandato de «no crezcas», le corresponde el permiso de madurar; puedes manifestar tu potencial, puedes devenir en plenitud, puedes ser sabio y sentirte realizado.

- Al mandato de «no seas infantil», le corresponde el permiso de ser niño, lúdico, curioso... Puedes experimentar el placer, puedes jugar e invitar a jugar, puedes experimentar la alegría sin objeto que supone poder ser niño.
- Al mandato de «tus necesidades no son importantes» y «no importas», le corresponde el permiso de considerar que tus necesidades sí son importantes, que importas y eres importante, alguien digno de ser tomado en cuenta, respetado, considerado y apreciado.
- A los mandatos de «no vales», «no sabes» o «no sabes hacerlo», les corresponden los permisos «yo puedo valer», «yo puedo saber», «yo puedo saber hacerlo», y sus derivados: «yo puedo aprender», «puedo mejorar», «puedo ensayar y experimentar y equivocarme para aprender y mejorar», «puedo ser excelente si trabajo y aprendo», entre muchos otros.[16]

Tan simple y tan complejo.

La toma de conciencia sobre el mandato que opera en ti constituye, ya de por sí, el detonante de tu permiso. Si

16 A los mandatos «no te acerques», «no ames» o «no pertenezcas», les corresponden los permisos «puedes acercarte», «puedes amar», «puedes pertenecer», «puedes ser amado», «puedes ser cuidado», «puedes integrarte», «puedes formar parte de...», «puedes crear tu propia familia amorosa» y tantos otros que apelan al poder de la intimidad, de la ternura, del cuidado y del vínculo afectivo sanador y transformador. A los mandatos fatales «no existas» y «no vivas», les corresponden los permisos «puedo vivir», «puedo existir», «puedo ser», «puedo realizar», «puedo crear», «puedo transformar» y tantos otros que tengan que ver con la plenitud de la libertad vital creadora.

te das cuenta de que actúas bajo un «no lo logres», puedes cambiar esta pauta por un «tienes derecho a lograrlo». El permiso es una toma de conciencia, sumada a una nueva instrucción que sustituye a la anterior y que emana de tu dignidad, de tu libertad y de tu deseo de vivir en plenitud.

Ten esto bien presente. Tu deseo es la base del cambio. Tu toma de conciencia es la premisa para la anulación de tu mandato. Y el permiso es tu nueva instrucción que sustituye a tu mandato.

El permiso es esencial en tu proceso de cambio, de desarrollo personal y de modificación de tu guion de vida. Lo integras cuando revocas la decisión de seguir los mandatos, una vez que los has identificado y reconocido. Es decir, una vez que ves y aceptas que están condicionando tu manera de ser y hacer.

Puedes darte los permisos tú mismo, una vez que has constatado cuáles son los mandatos que inhiben tu realización, tu libertad vital. Muchas veces te puede ser muy útil, e incluso necesario, el acompañamiento terapéutico para que ganes efectividad en tu proceso de toma de conciencia del mandato y de realización del permiso.

Este último punto es esencial. La reprogramación de algo que lleva operando en ti, en un nivel de conciencia profundo y durante muchos años, no es equiparable a la descarga del nuevo sistema operativo de tu ordenador o teléfono. Requiere repetición, acompañamiento y supervisión. Cada persona es un mundo. Y cada mandato es distinto. Así, tú puedes calibrar si desactivar los mandatos y darte los permisos de forma individual o acompañada.

• • •

El mandato se anula
A TRAVÉS DE UN PERMISO.

• • •

DATE PERMISO PARA VIVIR

Sucede a menudo que, al liberarte de un mandato o de una cadena de mandatos, los miembros de tu familia pueden mostrarse muy incómodos y llegar a verbalizar por primera vez la orden negativa que lo sostiene, pero que nunca se había expresado en tu constelación familiar. Por ejemplo, una persona casada, pero infeliz con su pareja, que constata evidentes diferencias de caracteres y hábitos, decide divorciarse, pero al ser el primero en su estirpe y dar el primer paso puede confrontar duramente las inercias del sistema familiar, y algún pariente –un hermano, su madre o su padre– puede llegar a decirle: «No te divorcies, haz tu vida, ten amantes, pero no puedes divorciarte» (véase el capítulo 2, sobre la llave del juicio).

Cuando tienes la valentía de ver y liberarte de un mandato, puedes incomodar mucho a tu familia y encontrarte con reacciones que vayan desde el desprecio hasta el juicio severo, pasando por la eventual ruptura de relaciones, a veces violenta. Si te liberas, haces de espejo al resto y los confrontas con sus propios mandatos. Sobre ello hemos hablado a fondo en el capítulo sobre la llave del juicio, cuando explicamos el efecto espejo. Por ello va a ser muy importante la protección que abordamos a continuación.

. . .

Al liberarte de un mandato, los demás INTENTARÁN DISUADIRTE, PORQUE CUESTIONAS SUS PROPIOS MANDATOS.

. . .

Dicho todo lo anterior, al libertarte de un mandato, como estás cuestionando algo que interiorizaste muchos años atrás, puedes llegar a sentirte egoísta. Pero pregúntate:

- ¿Eres egoísta si te liberas de algo que te hace mal?
- ¿Eres egoísta si al liberarte de eso que te hace mal, liberas también a aquellos a quienes amas, especialmente a tus hijos, de heredar un condicionamiento limitante y doloroso?
- ¿Eres egoísta si al liberarte actúas con la máxima cautela y respeto hacia tu entorno, pero con la determinación de ser coherente con tu dignidad?
- ¿Eres egoísta si te das el permiso de pensar, sentir, lograr, superarte, crecer, ser tú mismo, ser tenido en cuenta, valer, aportar, mejorar, pertenecer, amar, vivir...?

Por supuesto que, si te liberas de tus mandatos, no eres egoísta, sino que rechazas el egoísmo de los otros. No eres egoísta si procuras defender tu dignidad y la de aquellos a quienes amas. Dejar de ser esclavo puede incomodar a otros esclavos. Vive y deja vivir, en eso consiste el permiso de liberarte de un mandato.

Las personas que están dominadas por muchos mandatos tienen una visión de sí mismas, de los demás, y de la vida acotada y restrictiva. Es evidente, pues todo mandato es un NO a uno mismo y a la vida. Mientras que, si haces un trabajo personal, ya sea a través de ti mismo, ya sea a través de la meditación y la reflexión honestas, vas liberándote de mandatos y conquistando permisos que te permiten realizar una vida mucho más plena no solo para ti mismo, sino para todos aquellos con los que entras en contacto.

Del mismo modo que es incuestionable que abandonar un mal hábito es saludable, es evidente que abandonar un mandato que te daña es tremendamente saludable.

Por lo tanto, si te llaman egoísta porque decides darte el permiso para anular mandatos, cuestiónate si en realidad te ama quien desea que te mantengas en un condicionamiento que te hace infeliz.

...

Renunciar a un mandato no es egoísmo, PORQUE SER QUIEN UNO ES IMPLICA RENUNCIAR AL EGOÍSMO DEL OTRO.

...

PIDE AYUDA SI LA NECESITAS

Cuando te das el permiso para rechazar los mandatos, podrías encontrarte confundido, ya que te permites liberarte de algo que te ha acompañado toda la vida. Dado que actuaba como un cerrojo de tu libertad, al abrirlo, dejará de existir esa contención que te atenazaba. Sentirás que la realidad emerge con muchas más posibilidades de realización y experimentación. Sin embargo, puede que te cueste digerir ese nuevo escenario de forma súbita.

Supón que tienes muchos mandatos que han inhibido largo tiempo tu vida, y a raíz de crisis personales y de un sufrimiento sostenido, te pones a trabajar para liberarte de ellos. Puede que, de repente, actúes de manera imprudente. Y como no has tenido la experiencia de cómo actuar libre de mandatos, el permiso puede producir en ti un efecto de desbordamiento.

La protección[17] proporciona la capacidad de reflexión serena y bien calibrada que te permite tomar conciencia de la importancia del permiso, pero también de la dosificación que tienes que hacer en el tiempo para que la liberación del mandato sea reflexiva y puedas ver todas las posibilidades que se despliegan ante ti.

En ese sentido, el rol del acompañante terapéutico puede ser fundamental y muy valioso, ya que es él quien puede ayudarte a ver la nueva realidad que se despliega ante ti una vez liberado del mandato.

17 Patricia Crossman fue la primera en dar a conocer el concepto de *protección terapéutica*, que ha llegado a ser una parte indispensable del análisis del guion de vida.

...

Liberarte de un mandato e integrar la libertad del permiso requiere PROTEGERSE ANTE LA NUEVA REALIDAD CREADA.

...

DI ADIÓS A LOS MANDATOS

Las consecuencias de liberarte de un mandato o de varios de ellos son muchas y muy positivas. Y te hablamos por experiencia. Liberarte de mandatos es vivir en mayúsculas. Es dejar de vivir a medias, con limitaciones que llevas a cuestas sin darte cuenta.

Cuando escribimos *La buena suerte*,[18] libro que fue traducido a cincuenta y dos idiomas, y que ha vendido millones de ejemplares en todo el mundo, personas de nuestro entorno cuestionaron que dos licenciados en Ciencias Empresariales pudieran hacer un libro que tuviera alguna utilidad y reconocimiento. Y, además, consideraban imposible que un cuento pudiera tener la mínima traza de éxito no ya internacional, sino nacional.

Recordamos perfectamente un comentario que alguien cercano le hizo a Álex: «De este libro no vais a vender ni diez copias». La alegría de la persona que profirió este augurio fue extrema cuando supo que tres editoriales habían rechazado el manuscrito original antes de

18 Álex Rovira y Fernando Trías de Bes, *La buena suerte: Claves de la prosperidad*, Barcelona, Zenith, 2019.

que fuera finalmente considerado para su publicación por una cuarta editorial. Mandatos como «no lo logres», «no lo hagas», «no seas tú mismo», «no seas infantil» (ya que para escribir un cuento hay que ser muy niño) o «no valgas» formaban parte de la retahíla de comentarios que recibimos cuando lo publicamos y que procedían de personas de nuestro entorno cercano.

En este proceso nos dimos cuenta de algo obvio, pero obviado: cuando te das el permiso de «hacer» confrontas al que no actúa debido a su propio mandato de «no hagas». Cuando te das el permiso de «lograr», confrontas al que no alcanza sus objetivos con su propio mandato de «no lo logres». En definitiva, cuando tú te das un permiso, haces de espejo al otro y la reacción de este otro puede ser muy visceral. Ese es el mecanismo esencial de la envidia.

Definir tus propias metas vitales, dedicar la vida a lo que te llena, hacer de la motivación intrínseca el motor de tus objetivos vitales no es solo un derecho, es un deber, un imperativo vital.

Y gracias a los permisos, es posible.

Vivir en plenitud es el destino de todo hombre o mujer, es tu destino si así lo eliges. Y la mejor herramienta es la libertad.

...

El no a un mandato impuesto es...
LA LLAVE DE SER QUIEN ERES
Y QUIEN PUEDES LLEGAR A SER.

...

CLAVES PARA LOGRAR LA LLAVE DEL SER

1. Trae a tu mente y a tu corazón a alguna persona a la que admires profundamente por su manera de actuar, por sus valores, por sus virtudes. Y si es posible que sea una persona en quien tengas una confianza plena, mejor.
2. Te invitamos a que hagas el ejercicio de identificar en esa persona cuáles son los mandatos que no tiene y cuáles son los permisos que se ha dado. Toma la lista de todos los permisos del apartado «Los mandatos pueden hacer mella» de este capítulo y mira cuáles son aquellos permisos en los que esta persona es un ejemplo de vida.
3. Una vez que hayas realizado el ejercicio anterior, haz lo propio contigo. Observa la lista de los mandatos y analiza cuáles son aquellos que crees que funcionan en ti. Si eso te resulta complicado, ve a la lista de los permisos y mira cuáles son los permisos que realmente sientes que te das y que te permiten vivir tu vida en consecuencia.

Te puede ayudar formularte esta guía de preguntas:

- ¿Cuáles son los mandatos que identifico en mí?
- Con cada uno de los mandatos, ¿quién sería yo si viviera libre de ese mandato?
- En consecuencia, ¿cuáles son los permisos que me quiero dar?
- Si me doy esos permisos, ¿puedo hacerlo por mí mismo o es mejor que lo haga en compañía de un profesional que me acompañe en mi proceso de toma de conciencia y transformación?
- En el caso de que me dé esos permisos, ¿cuáles son las protecciones necesarias que debo tomar para no perjudicarme ni perjudicar a las personas a las que amo, en especial, a mis hijos, si los tengo?
- ¿Cómo me sentiría y pensaría si visualizara las circunstancias de mi vida con esos permisos integrados?
- A la vista de las respuestas a anteriores, ¿decido darme los permisos?

LA LLAVE DEL SER EN DIEZ MÁXIMAS

Los mandatos integrados impiden
la llave del ser.

* * *

Las palabras claves son «condicionamiento
existencial».

* * *

El mandato impide la llave del ser.

* * *

El mandato se manifiesta en la inhibición
de pensar, sentir, hacer y ser.

* * *

El mandato se anula a través de un permiso.

* * *

Al liberarte de un mandato, los demás intentarán disuadirte, porque cuestionas sus propios mandatos.

* * *

Renunciar a un mandato no es egoísmo, porque ser quien uno es implica renunciar al egoísmo del otro.

* * *

Liberarte de un mandato e integrar la libertad del permiso requiere protegerse ante la nueva realidad creada.

* * *

El no a un mandato impuesto es... la llave de ser quien eres y quien puedes llegar a ser.

...

Di no a tus mandatos impuestos y
CONQUISTA LA LLAVE DEL SER.

...

EL DESENLACE DEL ENIGMA LAS SIETE LLAVES

El rey tomó la palabra:

–Bien, Ibrahim, esta es toda la historia. Y ese es el enigma. Debes responder a la siguiente cuestión: ¿dónde están escondidas las siete llaves en el palacio? Si aciertas, serás libre.

El condenado a cadena perpetua bajó la vista. Ibrahim tenía una posible respuesta, pero podía errar. Así que pensó en una alternativa. Podía decirle al rey que, por respeto a su poder, no osaría equivocarse y que, a cambio, por ni siquiera intentar una respuesta, le concediera el favor de una mejor vida en prisión durante el resto de sus días, pues hoy estaba en la sección de los condenados a trabajos forzados, en las peores condiciones.

Antes de que pudiese decir nada, el rey justamente le ofreció lo que Ibrahim estaba presto a solicitar.

–Sé que el enigma es difícil. Es mi aniversario. No se cumplen cincuenta años todos los días. Así que seré especialmente magnánimo. Te doy una alternativa. Si prefieres no arriesgarte y no darme una solución, te concedo seguir en la cárcel, pero en alguna de las tareas más cómodas. Puedes escoger entre atender la biblioteca, vigilar el patio de paseo o incluso trabajar junto a los funcionarios que administran la prisión. Podrás pernoctar en las mismas

estancias que mis soldados y vigilantes, y gozarás de sus horarios y sus mismas comidas y atenciones. Seguirás recluido, pero tendrás una vida mucho más amable. O eso, o da tu respuesta al enigma. Si aciertas, serás libre para siempre y volverás a ser dueño de tu destino. Si erras, regresarás a tu celda en las condiciones de siempre. Ese es mi favor. Tú escoges: olvidamos el enigma de las siete llaves y gozas de algunas comodidades en prisión, o adivinas la verdad.

De pronto, a Ibrahim se le iluminó el rostro. Había algo más que un ofrecimiento en la última disertación del monarca. Ibrahim se dio cuenta de algo: aquello era una pista, la pista definitiva. Estaba casi seguro de la solución al enigma de las siete llaves. Pero ahora, con el ofrecimiento del rey, estaba totalmente seguro de acertar. Alzó la vista, miró al máximo mandatario del país y le dijo:

–Agradezco la oportunidad de una vida mejor dentro de la prisión. Pero seguiría sin ser libre. Y este cuento sobre el misterio de las siete llaves versa sobre la libertad. Así que prefiero compartir la que creo que es la solución del enigma.

El rey asintió y admiró en su interior la valentía de Ibrahim. Solo por aquel gesto, merecía ser libre.

–Adelante, entonces, Ibrahim. ¿Cuál es la solución? ¿Dónde se hallan escondidas las siete llaves?

Ibrahim se puso en pie. Entre súbditos, ayudantes, secretarios, siervos y soldados habría unos cien hombres y mujeres en la sala principal, donde iba a tratar de resolver el enigma. Se puso a caminar por la estancia.

–Bien, como todos los enigmas y acertijos, la solución está siempre en el enunciado. En el primer prisionero hallé una primera pista. Al final de su conversación le dice al habitante que, si

encuentra la llave, aceptará salir de la celda porque dejará de creer que la llave no existe. Y añade el prisionero: «Pero eso es imposible, porque hace tiempo que se hizo desaparecer la llave».

»El primer prisionero plantea una paradoja: exhorta al habitante del palacio a desmentir la creencia que lo mantiene encerrado: que la llave fue hecha desaparecer o fundida hace ya tiempo. Y, para ello, le dice que debe encontrar la llave, esto es, una aguja en un pajar. Es la paradoja que se autocumple. Como no puede encontrar la llave sin pista alguna, se confirma que la llave no está escondida y que, por tanto, fue destruida. En realidad, lo que el prisionero plantea al habitante es una trampa para tener razón.

»El segundo prisionero le plantea la misma paradoja. «Si encuentras la llave de mi celda, significa que permanecer encerrado no es lo que debo hacer, y aceptaré salir». Es exactamente la misma situación. Como es imposible encontrar la llave sin pista alguna, la ausencia de una llave confirma los argumentos de la prisionera.

»El tercer prisionero es más de lo mismo, aunque algo más sutil. Cuando el habitante del palacio le dice que él puede ayudarle a enfrentarse al mundo exterior, el tercer prisionero responde: «Bueno, encuentra la llave y lo pensaré». Gran respuesta. Sin pistas es imposible encontrar la llave, así que, en realidad, está asegurándose no tener que tomar esa decisión.

»El cuarto prisionero —en este caso ella, la prisionera— vive dentro de la paradoja con la que los otros tres prisioneros han tratado de engañar al habitante del palacio: «Como no puedo recordar dónde está la llave, la llave no puede ser encontrada». Una paradoja de la que tampoco se puede salir.

»El quinto prisionero ha sido más complejo. Le dice al habi-

tante que si la persona que se sacrificó por él le entrega la llave, considerará saldada su deuda y aceptará salir. La paradoja, en este caso, reside en un desconocido. Ese desconocido jamás aparecerá, porque nadie hace acto de presencia para reconocer que ya no se le debe nada.

»A la sexta prisionera no le hace falta engañar al habitante del palacio. Le basta con echarse a reír. Ahí me di cuenta de algo fundamental: que ni siquiera haría falta echar el cerrojo de su celda para que esa prisionera permaneciese dentro. Se quedaría encerrada incluso sin echar la llave.

»El séptimo prisionero fue el más revelador: «Nos dijeron que no saliéramos, y punto», dijo. Y el habitante del palacio le respondió: «Ahora entiendo. Y por eso no tiene sentido buscar las llaves de vuestras celdas». Y, con toda sinceridad, el último prisionero, responde: «Eso es. No tiene sentido. Y, a la vez, tiene todo el sentido del mundo, ¿verdad? Ya tienes lo que buscabas».

»Ya tienes lo que buscabas: «Nos dijeron que no saliéramos».

»Y todos lo han creído.

»Esa es la llave. Lo que mantiene dentro de sus celdas a los siete reos no son siete cerrojos. Es su propia incapacidad para salir.

»Majestad, no tiene sentido buscar en todos los rincones del palacio. Las siete llaves han de estar, por fuerza, en los bolsillos de los propios reos.

La estancia quedó en completo silencio. Los cien súbditos esperaban la respuesta del rey. ¿Había Ibrahim adivinado el enigma?

El rey sonrió. Y dijo:

–Entonces, Ibrahim, ¿cómo puede abrirse la puerta del palacio de los siete cerrojos?

Ibrahim respondió:

—Los siete prisioneros deben tomar las llaves de sus bolsillos, deben abrir sus celdas, subir hasta la entrada principal y abrir los siete cerrojos de la puerta que les dará la libertad. Si solo uno de ellos no accediese a salir de su mazmorra, todos seguirían encerrados en el palacio. Para ser del todo libres, se necesitan las siete llaves.

El rey volvió a sonreír.

—Tengo una última pregunta: te hice un ofrecimiento tentador y lo rechazaste. ¿Tan seguro estabas de la solución?

—No lo estaba, majestad. De hecho, iba a pedirle exactamente el ofrecimiento que me hizo. Pero su clemencia es máxima, alteza. Ahí me dio la mejor pista.

El rey arqueó las cejas.

—Sí —prosiguió Ibrahim—, dijo, exactamente: «Olvidamos el enigma de las siete llaves y gozas de algunas comodidades en prisión, o adivinas la verdad». Estaba claro. Aceptar el ofrecimiento me habría conducido a vivir cómodamente dentro de una cárcel. Eso era precisamente lo que hacían los siete prisioneros del relato. Me estaba ofreciendo la misma condena que a los protagonistas del enigma. Eso no es libertad. De mí dependía escoger. Y ahí me estaba dando la solución: de los siete reos, y de nadie más, dependía salir.

Ibrahim se acercó y se situó frente al monarca, cara a cara, y este le entregó la llave de su celda. Los presentes, emocionados, rompieron el silencio con un estruendoso aplauso y vítores de alegría.

El rey sonrió por tercera vez. Miró a sus súbditos y, con las manos extendidas sobre la cabeza de Ibrahim, sentenció:

—Ibrahim nos ha dado a todos una gran lección. Un gran aprendizaje. Desde hoy, será un hombre libre y dueño de su destino. Y a todos nosotros nos ha hecho algo más libres también.

EPÍLOGO

LA CONQUISTA DE LA LIBERTAD VITAL

El verdadero riesgo de toda una vida es vivirla sin arriesgarte.

La conquista de tu libertad vital precisa riesgo y coraje. Gracias al riesgo y a la audacia, entras en lo inexplorado y se abren las puertas del logro, de la determinación, del desafío, de la transformación.

El coraje te impulsa hacia la libertad, a empoderarte y a enfrentarte a los cambios y desafíos de tu existencia, de tu vida. Es entonces cuando circunstancias aparentemente neutras, incluso adversas, devienen en oportunidades antes no reconocidas.

También gracias al coraje afrontas tus miedos, tus debilidades de carácter y los obstáculos. La valentía convierte hechos intrascendentes en desafíos estimulantes que te permiten acceder a la sabiduría en el arte de vivir.

La libertad, como la sabiduría, es una conquista. Y no se llega a ella desde el miedo o la apatía. La libertad vital es un logro, adquieres la conciencia y la independencia para pensar y para obrar según tu propia voluntad, y para incorporar en ti la capacidad de cuestionarlo todo. Sin miedos ni prejuicios. Solo guiado por la voluntad de ver y comprender. Quizá para cambiar. Quizá solo para entender.

Ser libre consiste en dejar de ser el resultado del deseo de otros, de los miedos de otros, de las imposiciones coercitivas de otros. En otras palabras, tu libertad vital es el estado interior y exterior que te permite decidir si quieres hacer algo o no, siendo a la vez responsable tanto de tus acciones como de tus omisiones, en la medida en que comprendas y aceptes sus consecuencias.

Con esa valentía y desde un profundo amor a la vida, con la voluntad de servir y de mejorar el mundo que nos ha sido dado, podemos afirmar que tu futuro no es *inevitable*, es *inventable*.

Todo cambio importante en tu vida nace por convicción o por compulsión. Solo unos pocos cambian por convicción. La mayoría lo hacemos por compulsión, por crisis, por un golpe existencial que te pone contra la espada y la pared. Porque no hay más remedio.

Tal vez, la lectura de este libro te habrá agitado, habrá hecho tambalear tu conciencia y la perspectiva que, de ti mismo, los demás y la vida tenían.

Poco a poco. No hay prisa. O tal vez sí. ¿Ya mismo? ¿Mañana? ¿Hoy?

No importa. Hoy es el primer día de todo lo que te queda de vida. Nunca es tarde, pero recuerda que tarde puede ser nunca.

Solo a ti te corresponde determinar qué aspectos de tu vida modificar, a partir de un libro, de una conversación, de un descubrimiento, de un hecho trascendental. Nosotros no pretendemos ni hemos pretendido nada más que aportarte herramientas, conocimiento, perspectiva y un marco de referencia que te ayude a comprenderte mejor. Desde hoy, dispones de siete llaves que antes, tal vez, no tenías.

A lo que sí te animamos, introduzcas o no cambios en tu vida, es a embellecer la vida de todos, no solo la tuya, desde la conquista de tu libertad.

Solo desde los valores puedes crear valor.

La miseria moral crea miseria económica. Así que una libertad conquistada desde lo esencialmente humano hace que la vida cobre sentido.

Cada una de las siete llaves conquistadas, rompiendo simbiosis, también liberará en cierta manera a quienes te rodean. Personas mejores harán un mundo mejor. Personas dignas harán un mundo digno. Personas solidarias harán un mundo solidario. Personas generosas harán un mundo próspero. Personas responsables harán una tierra habitable.

Una sociedad cuyos individuos adquieren una libertad vital plena convierte esa sociedad en más consciente, más justa, con menos prejuicios, con menos miedos, con más capacidad de amar y de transformar a mejor el legado que recibimos.

La vida propia y la vida ajena mejoran cuando vives y permites al otro vivir desde la libertad conquistada, desde el pensamiento riguroso y libre, desde los miedos superados, las culpas expiadas, los mandatos liberados, las atribuciones vencidas, las normas inmorales desechadas, la renuncia a las deudas no contraídas, las falsas creencias desvanecidas.

Reivindicamos el humanismo en esta era del posthumanismo, la libertad vital como base y techo de la convivencia.

Deseamos que este camino que hemos realizado juntos a lo largo de estas páginas te haya proporcionado elementos de reflexión, ideas que puedas llevar a la práctica, alguna historia inspiradora, algún empujoncito vital que quizá sentías que era necesario.

Nuestra intención ha sido la de compartir contigo una mirada nueva a las posibilidades del ser humano desde la experiencia vivida, desde los golpes recibidos, pero también desde las bendiciones que hemos sabido ver tras esos golpes.

Porque no hay más esclavitud que el miedo y la inconsciencia. A lo largo de estas páginas, hemos querido mostrarte que sin miedo hallarás la libertad, y alejado de la inconsciencia forjarás tu propio destino.

Has empezado un viaje a un destino llamado libertad. Y todo emana, tal y como arrancaron estas páginas, de tu dignidad. Y de la de los demás.

Es arrojando luz a la consciencia como fenece el pequeño yo y somos uno con la vida.

Este manuscrito se escribió durante los meses de marzo y abril de 2020, en pleno confinamiento domiciliario, sin libertad de movimientos, por la emergencia sanitaria mundial de la COVID-19.